MARCO POLO

Ostfriesland
Nordseeküste Niedersachsen Helgoland

Reisen mit Insider Tipps

Diesen Führer schrieb Klaus Bötig,
der in Bremen lebt und die Küste
vor der Haustür hat.

marcopolo.de

Die aktuellsten Insider-Tipps finden Sie unter
www.marcopolo.de, siehe auch Seite 102

MAIRS GEOGRAPHISCHER VERLAG

SYMBOLE

Insider Tipp **MARCO POLO INSIDER-TIPPS:**
Von unserem Autor für Sie entdeckt

★ **MARCO POLO HIGHLIGHTS:**
Alles, was Sie in Ostfriesland kennen sollten

HIER HABEN SIE EINE SCHÖNE AUSSICHT

WO SIE JUNGE LEUTE TREFFEN

PREISKATEGORIEN

Hotels

€€€	über 100 Euro
€€	60–100 Euro
€	unter 60 Euro

Die Preise gelten für die Hauptsaison für ein Doppelzimmer mit Frühstück.

Restaurants

€€€	über 15 Euro
€€	10–15 Euro
€	unter 10 Euro

Die Preise beziehen sich auf ein Hauptgericht ohne Getränke.

KARTEN

[108 A1] Seitenzahlen und Koordinaten für den Reiseatlas Ostfriesland

Zu Ihrer Orientierung sind auch die Orte mit Koordinaten versehen, die nicht im Reiseatlas eingetragen sind.

Karten zu Bremerhaven, Cuxhaven, Emden und Wilhelmshaven finden Sie im hinteren Umschlag.

GUT ZU WISSEN

Ferienlektüre **15** · Ostfriesische Spezialitäten **20**
Ostfriesische Teestunde **42** · Boßeln und Klootschießen **58**
Autoterminal Bremerhaven **74** · Klaus Störtebeker **85**

INHALT

Die wichtigsten MARCO POLO Highlights

Sehenswürdigkeiten, Orte und Erlebnisse, die Sie nicht verpassen sollten

1. **Kutterrennen Neuharlingersiel**
   Maritime Farbenpracht auf dem Wattenmeer (Seite 25)
2. **Fuchsienschau in Ihlowerfehn**
   Ein Tag im Paradies für Blumenfreunde (Seite 25)
3. **Moormuseum in Moordorf**
   Eindrucksvoller Einblick in vortouristische Zeiten (Seite 30)
4. **Insel Spiekeroog**
   Ostfrieslands ursprünglichste Insel (Seite 34)
5. **Museumsschiffe in Emden**
   Drei ausgemusterte Schiffe können im Ratsdelft besichtigt werden (Seite 39)
6. **Kunsthalle in Emden**
   Der Stern des Nordens für alle Freunde moderner Malerei (Seite 40)
7. **Restaurant Witthus in Greetsiel**
   Genüsse je nach Jahreszeit von der Maischolle bis zum Grünkohlessen (Seite 48)

Düneneinsamkeit auf Spiekeroog

Ostfriesisches Teemuseum Norden

8 Norder Heimatmuseum und Ostfriesisches Teemuseum
Das europaweit größte Museum der Teekultur (Seite 50)

9 Oceanis in Wilhelmshaven
Mit dem Fahrstuhl 100 m unter den Meerespiegel (Seite 64)

10 Seglerheim am Nassauhafen in Wilhelmshaven
Kreative Fischküche muss nicht immer teuer sein (Seite 66)

11 Museums-U-Boot Wilhelm Bauer in Bremerhaven
Grauen pur, selbst in Friedenszeiten (Seite 70)

12 Deutsches Schifffahrtsmuseum in Bremerhaven
Maritimes vom Mittelalter bis in die Gegenwart (Seite 71)

13 Ringhotel Seepavillon Donner in Cuxhaven
In diesem Haus entgeht Ihnen kein einziges Schiff (Seite 77)

Krabbenkutterregatta in Norddeich

14 Insel Neuwerk
Der Weg dorthin ist ein großes Erlebnis (Seite 78)

15 Lummenfelsen
Deutschlands kleinstes Naturschutzgebiet liegt auf Helgoland (Seite 83)

★ *Die Highlights sind in der Karte auf dem hinteren Umschlag eingetragen*

Entdecken Sie Ostfriesland!

Zwischen Emden und Elbe: eine Urlaubslandschaft von überraschender Vielfalt

Anfangs ist es das Meer, das die meisten Binnenländer an die südliche Nordsee zwischen Emden und Cuxhaven lockt. Wenn sie wieder abreisen, haben sie viel mehr als Meer gefunden: eine einzigartige Natur- und Kulturlandschaft mit mittelalterlicher und moderner Kunst und eine Urlaubsregion mit fast unendlich vielen Möglichkeiten der Freizeitgestaltung.

Die Nordsee ist anders als Mittelmeer, Karibik und Ostsee: Sie dreht sich dank Ebbe und Flut ständig in Kreisen. Ebbe und Flut sorgen dafür, dass der Meeresboden vor der deutschen Nordseeküste zweimal täglich für einige Stunden trockenfällt. Diesen Bereich nennt man das Wattenmeer. Es ist heute als Nationalpark weitgehend unter Schutz gestellt, denn es bietet Tausenden von Tieren und vielen Pflanzen eine weltweit einzigartige Lebenswelt. Urlauber können sie entdecken: in den vielen Nationalparkhäusern entlang der Küste, auf geführten Wattwanderungen, die manchmal bis auf die vorgelagerten Inseln hinüberführen, aber auch schon bei Spaziergängen entlang der Strände.

Für die Deichpflege an der Nordseeküste sind besonders umweltfreundliche Rasenmäher zuständig

Die schönsten Sandstrände finden Sie im Bereich von Cuxhaven

Die sind ganz unterschiedlich. Kilometerlange, von Dünenketten gesäumte Sandstrände finden Sie nur auf den sieben bewohnten Ostfriesischen Inseln. Entlang dem Festlandsufer finden Sie lange Sandstrände nur an wenigen, dem offenen Meer zugewandten Stellen: nördlich von Wilhelmshaven, an der Westküste Butjadingens und vor allem im Bereich von Cuxhaven. Ansonsten können Sie auf Ihrem Handtuch oder in Strandkörben zumeist an künstlich aufgeschütteten Sandstreifen oder auf grünen Wiesen die Sonne anbeten. Für die Zeiten, in denen sich das Meer vom Ufer zurückzieht, stehen Ihnen zum Baden zudem in vielen Küstenorten moderne Frei- und

Geschichtstabelle

ca. 10 000 v. Chr. Mit dem Ende der letzten Eiszeit Herausbildung von Mooren und Marschen auf und an der Geest

um 700 n. Chr. Das Land zwischen Weser und Ems wird von Friesen bevölkert; zwischen Weser und Elbe siedeln Sachsen

785 Unter Karl dem Großen wird die gesamte Region Teil des Fränkischen Reiches

793 Der Friesenmissionar Liudger erbaut in Leer die erste christliche Kirche des heutigen Ostfrieslands. Die Region gehört bald darauf teils zum 802 gegründeten Bistum Münster, teils zum 787 gegründeten Bistum Bremen

1088 Erste urkundliche Erwähnung eines Grafen von Oldenburg, das bis ins 19. Jh. immer im Gegensatz zu Ostfriesland steht

um 1100 Die friesischen Landgemeinden lösen sich von der Vorherrschaft binnenländischer Grafen und schaffen die »Friesische Freiheit«. Alljährlicher Treffpunkt der Gemeindevertreter wird der Upstalsboom bei Aurich

um 1350 Einzelne Geschlechter reißen in den bis dahin freien Landgemeinden die Macht an sich und werden als Häuptlinge quasi zu adligen Herren

1454 Häuptling Ulrich Cirksena wird Reichsgraf von Ostfriesland mit dem gesamten Land zwischen Weser und Ems

um 1650 Beginn der Erschließung der Moore im Landesinneren (Fehnkulturen), Gründung vieler Moordörfer

1744 Ostfriesland wird preußisch

1815–1866 Ostfriesland ist hannoveranisch, wird dann aber wieder preußisch

1871 Das preußische Ostfriesland und das noch unabhängige Großherzogtum Oldenburg werden Teil des Deutschen Reiches

1890 Großbritannien tritt Helgoland im Austausch gegen Sansibar und andere afrikanische Territorien an das Deutsche Reich ab

1946 Gründung des Landes Niedersachsen

1986 Gründung des Nationalparks Niedersächsisches Wattenmeer

2000 Expo 2000 in Hannover mit mehreren Außenstandorten an der niedersächsischen Nordseeküste

2002 Beschluss zum Bau eines neuen Containerhafens in Wilhelmshaven; Fertigstellung frühestens 2010

27 Kutter machen Greetsiel zu Ostfrieslands Krabbenkapitale

Hallenbäder zur Verfügung, unter Ersteren auch viele, die im Winterhalbjahr beheizt sind.

Zum Meer gehören Fischerei und Schifffahrt. Sie haben jahrhundertelang neben der Viehwirtschaft den Charakter der Region geprägt. Als es noch keine Eisenbahnen und Straßen gab, spielte sich der überwiegende Teil des Fernhandels entlang den Küsten und auf Flüssen, seit dem 17. Jh. dann auch auf künstlichen Kanälen ab. Heute fast bedeutungslose Hafenorte wie Greetsiel, Carolinensiel, Hooksiel und Fedderwardersiel waren Handelshäfen von überregionaler Bedeutung, in denen Segelschiffe gebaut und bereedert wurden, die auf allen Weltmeeren fuhren. Dort haben sich alte Pack- und Kapitänshäuser erhalten. In manchen können Urlauber wohnen oder speisen, andere sind in interessante Schifffahrtsmuseen verwandelt worden. Heute liegen in diesen kleinen Häfen entweder Museumsschiffe und Oldtimer wie in Carolinensiel oder Flotten von Krabbenkuttern, die häufig auch Gäste mit auf ihre Fangfahrten nehmen.

» Das Watt ist eine weltweit einzigartige Lebenswelt

Zudem fahren von sechs Hafenorten der niedersächsischen Nordseeküste auch täglich Fähren zu den Ostfriesischen Inseln hinüber, von denen Sie mindestens eine auf einem Tagesausflug besuchen sollten. Dabei sehen Sie sicherlich einige der vielen Seehunde oder Kegelrobben, die sich auf trockengefallenen Sandbänken ausruhen oder in den Fluten nach Fischen jagen. Inselerlebnisse ganz besonderer Art bieten schließlich Neuwerk und Helgoland: Nach Neuwerk können Sie im Pferdewagen durchs Watt hinüberfahren; Helgoland hingegen ver-

Cuxhaven-Duhnen: ein Sandstrand wie sonst fast nur auf den Inseln

langt Ihnen meist etwas Seefestigkeit ab, belohnt Sie aber mit einer unvergleichlichen Natur und günstigen Einkaufsmöglichkeiten.

Die niedersächsische Nordseeküste besteht freilich nicht nur aus kleinen, romantischen Hafen- und modernen Badeorten. Für die Menschen der Region sind ihre großen Hafenstädte ebenso wichtig. Erdöl wird in Wilhelmshaven angelandet, Autos werden via Emden und Bremerhaven im- und exportiert. Bremerhaven und Cuxhaven sind nicht nur als Anlandehäfen für Seefische, sondern auch als Sitz zahlloser Fisch verarbeitender Betriebe von Bedeutung. Bremerhavens Containerhafen ist schließlich nach Hamburg die Nummer zwei in Deutschland. Hafenrundfahrten mit sachkundigen und humorvollen Kommentaren ermöglichen auch ausgesprochenen Landratten einen Einblick in diese maritime Erlebniswelt.

Museumsschiffe und Krabbenkutter in den kleinen Häfen

Wer sich Wind und Wellen aktiv anvertrauen will, findet auch dazu in dieser Region manche Möglichkeit: Segelschulen bringen Ihnen im Urlaub die Grundlagen dieser Sportart bei; Segelyachten können mit und ohne Skipper gemietet werden. Windsurfer und Wasserskiläufer sind in Hooksiel gut aufgehoben. Fischkutter laufen von vielen Küstenorten zu bis zu achtstündigen Fangreisen aus, bei denen die Fahrgäste die Angeln auswerfen und gefangene Dorsche oder Makrelen behalten können – ein Urlaubsspaß für die ganze Familie.

Die drei Halbinseln zwischen Dollart und Jadebusen, Jadebusen und Weser sowie Weser und Elbe sind aber nicht nur entlang der Küste eine attraktive Ferienlandschaft. Erst Ausflugsfahrten ins Hinterland vermitteln ihren ganzen Reiz. Landschaftlich ist da viel zu entdecken, Moorseen zum Beispiel, die die

Friesen Meere nennen (weil das Meer bei ihnen ja See heißt, siehe Nordsee). Einige sind für den Wassersport freigegeben, andere sind Naturschutzgebiete, die Sie auf Plankenwegen umwandern können.

Dass die Küstenregion auch ein geschichtsträchtiges Land ist, zeigen die mittelalterlichen Kirchen in vielen Dörfern, von denen manche ihrer Größe wegen sogar als Bauerndome bezeichnet werden. Sie sind aus Backstein oder Granitquadern gebaut und bergen häufig kostbare Schnitzaltäre. Viele dieser Gotteshäuser besitzen historische Orgeln, die in Gottesdiensten und bei Konzerten gespielt werden. In Esens zeugt eine alte Synagoge, an mehreren anderen Orten erzählen Friedhöfe von den ehemaligen jüdischen Mitbürgern der Friesen. Alte Grabplatten auf den Kirchhöfen sind mit schönen Reliefs von Segelschiffen geschmückt, Grabsteine geben Aufschluss über die Vielfalt ostfriesischer Vornamen, die im übrigen Deutschland völlig unbekannt sind. Viele Windmühlen aus den letzten 250 Jahren sind restauriert und dienen heute als Museum, Café oder Ferienunterkunft.

»Wind und Wellen laden zum Aktivurlaub ein«

Zum Erstaunen vieler Besucher gibt es hier im Norden sogar Wasserburgen und stattliche Schlösser, von denen das in Jever das prächtigste ist. Die Burgen sind größtenteils Relikte aus den vielen Jahrhunderten, in denen die Mächtigen immer wieder ihr Volk in den Krieg schickten, um für sie Land zu erobern. Zunächst waren die Friesen, die seit etwa 700 entlang der gesamten Küste siedelten, ein Volk von freien Bauern, die sich zu einem gemeinsamen Bund, dem Upstalsboom, zusammenschlossen. Im Lauf der Zeit aber bildeten sich auch hier in vielen Siedlungsgebieten Häuptlingsdynastien heraus, die später zu gräflichen oder fürstlichen Geschlechtern erhoben wurden. Das Land zwischen Dollart und Weser war lange umstritten. An Weser und Elbe kämpften zudem die großen Hansestädte Bremen und Hamburg um Einfluss und Macht.

Eine Bedrohung für alle Küstenbewohner blieb die Nordsee. Immer wieder schlugen Sturmfluten tiefe Breschen ins Land. Allein die zweite Marcellusflut 1362 kostete über 10 000 Menschen das Leben; viele Dörfer versanken damals in den Fluten. Ganze Landstriche wurden wie Butjadingen zeitweise zu Inseln. Alte Buchten verschwanden, neue wie der Jadebusen entstanden.

Die Menschen hielten dagegen, bauten höhere Deiche und versuchten durch Eindeichungen, altes Land zurückzugewinnen und neues zu schaffen. Sie nahmen dafür sogar in Kauf, dass Hafenstädte wie Norden, Wittmund oder Jever plötzlich im Binnenland lagen und ihre alte Funktion verloren. Mehrere Museen in der Region informieren über all diese Vorgänge und über die heutigen Deiche, die die Küstenorte nun endlich sicher schützen können. So steht Ihrer ungetrübten Urlaubsfreude nichts mehr entgegen – selbst im Winter nicht, wenn die Küstenorte ruhiger werden, aber Gäste weiterhin willkommen sind.

Vom Bernstein bis zum Wattenmeer

Was passiert bei Neumond?
Wie lange taucht ein Seehund?
Wann finden Sie das Gold des Meeres?

Bernstein

Das »Gold des Meeres«, ein fossiles Harz, kann man nicht nur an der Ostsee finden, sondern – mit viel Glück – auch an Nordseestränden. Die meisten Urlauber bekommen es allerdings nur in den Auslagen der Schmuckgeschäfte an der Küste zu sehen. Bernstein ist das etwa 40 Mio. Jahre alte, versteinerte Harz von Nadelbäumen. Manchmal sind Insekten- oder Pflanzenreste im Stein eingeschlossen. Der Bernstein lagert im Boden der Marschen und im Meeresboden, wo er ausgewaschen und an den Strand gespült wird. Die Bernsteinsuche verspricht während und nach anhaltenden Ostwinden den größten Erfolg; besonders achten sollten Sie auf die dunklen Braunkohlengrusstreifen am Spülsaum.

Deiche

»Gott schuf das Meer, der Friese das Land«, sagt man im Norden Deutschlands. Schon vor 1000 Jahren begann man an der Küste, Deiche zu bauen, bereits um 1300 war die gesamte Küste eingedeicht.

Die Nähe zu Holland ist unverkennbar: Windmühle in Altfunnixsiel

Doch immer wieder brachen die Deiche, verheerende Überschwemmungen waren die Folge. Das Meer eroberte sich Land, der Mensch holte es sich zurück. In manchen Gebieten Ostfrieslands, so in der alten Harlebucht, sind mehr als zehn Deichlinien erkennbar.

Ebbe und Flut

Die Gezeiten, von den Küstenbewohnern Tiden genannt, bestimmen den Lebensrhythmus an der Nordseeküste. Innerhalb von 24 Stunden und 50 Minuten ist je zweimal Hoch- und Niedrigwasser, zweimal am Tag läuft das Wasser ab (Ebbe) und wieder auf (Flut). Das ist an den Küsten aller Meere so, im Ärmelkanal und an der Nordsee jedoch besonders ausgeprägt.

Ursache für die Gezeiten sind die Fliehkraft der Erde und die Anziehungskraft des Mondes. Der gemeinsame Schwerpunkt beider Himmelskörper liegt etwa 1500 km unterhalb der Erdoberfläche. Dadurch ist die Fliehkraft der Erde auf der dem Mond abgewandten Seite größer als dessen Anziehungskraft, während das Verhältnis auf der mondzugekehrten Seite genau umgekehrt ist. Deswegen strebt das

Warten auf mehr Meer: Ebbe im Hafen Horumersiel

Wasser auf der dem Mond abgekehrten Seite von ihm weg, auf der ihm zugewandten Seite aber auf ihn zu. Dadurch entsteht auf beiden Seiten der Erdkugel ein Flutberg, der in 24 Stunden und 50 Minuten jeweils einmal rund um die Erde wandert.

Die Fluthöhe wird aber auch von der Sonne mitbestimmt. Auch sie übt ihre Anziehungskraft auf das Wasser aus, die der großen Entfernung wegen jedoch sehr viel geringer ist als die des Mondes. Stehen Erde, Mond und Sonne in einer Linie, was jeweils bei Neu- und Vollmond der Fall ist, verstärkt die Sonne aber noch die Anziehungskraft des Mondes, und es kommt zur Springflut mit deutlich erhöhtem Hochwasserstand. Stehen Sonne, Mond und Erde im rechten Winkel zueinander, was bei Halbmond der Fall ist, kommt es hingegen zur Nippflut mit einem besonders niedrigen Hochwasserstand.

Fehnsiedlungen

So bezeichnet man in Ostfriesland die in den Jahrhunderten der Moorkolonisation gegründeten Moorhufendörfer. Sie entstanden seit dem 17. Jh. entlang künstlich angelegter Kanäle, die das Moor entwässerten und oft die einzige Verbindung zur Außenwelt darstellten. Zu beiden Seiten des Kanals wurden Häuser gebaut. Dahinter konnten die Siedler einen Streifen Moor urbar machen und bewirtschaften, die so genannte Hufe. Die meisten Fehnsiedlungen findet man entlang der touristischen Straße »Deutsche Fehnroute«.

Geest und Marsch

Weite Teile der Landschaft zwischen Ems und Elbe werden von einem Geestrücken eingenommen, der durchschnittlich 5–8 m über dem Meeresspiegel liegt. Die Geest wurde durch die Gletscher der Eiszeit aufgeschüttet und besteht überwiegend aus Sand-, Kies- und Tonböden. Die oldenburgisch-ostfriesische Geest weist kaum noch nennenswerte Höhenunterschiede auf, während sich durch das Land zwischen Weser und Elbe der deutlich erkennbare, 100 km lange und bis zu 32 m hohe Geestrücken Hohe Lieth zieht. Bis zum Anfang des

20. Jhs. war die Geest durch Hochmoore geprägt, die jetzt alle abgetorft sind; Äcker, Wälder und Weiden bestimmen heute das Landschaftsbild.

Meerseitig werden die Geestflächen von einem in Ostfriesland bis zu 17 km breiten Marschensaum begrenzt. Die Marsch entstand erst in den letzten 7000 Jahren. Die Nordsee brachte die Moorpflanzen am Geestrand zum Absterben und lagerte darüber Kleie und Sand ab. Salzwasserverträgliche Pflanzen siedelten sich darauf an; neues Land entstand. Kennzeichen der Marsch ist ihre flache, brettartige Gestalt.

Groden, Heller und Polder

Die drei Bezeichnungen findet man häufig als Teil topografischer Namen entlang der Küste des Wattenmeeres. Polder oder Innengroden heißt ein eingedeichtes Grünland, aus dessen Boden durch Niederschläge das vor der Eindeichung enthaltene Salz herausgespült wurde. Polderwiesen werden teilweise gemäht; sie sind gute Viehweiden. Als Heller oder Außengroden bezeichnet man hingegen das nicht eingedeichte Grünland an der Wattküste, das größtenteils aus Salzwiesen besteht.

Nationalpark

Seit dem 1. Januar 1986 gilt für die Küste zwischen der Elbe- und der Emsmündung die Verordnung über den Nationalpark Niedersächsisches Wattenmeer. Er reicht von Cuxhaven bis zur Krummhörn und umfasst auch den Jadebusen und die Ostfriesischen Inseln. Ausgeklammert bleibt der Dollart. Sitz der Nationalparkverwaltung ist Wilhelmshaven. Im Nationalpark gelten zahlreiche Einschränkungen für den Fremdenverkehr, die Landwirtschaft und die Fischerei, die noch immer umstritten sind. Den einen gehen sie zu weit, den anderen nicht weit genug. Über das Verhalten im Nationalpark, seine Natur und ihre Gefährdung informieren zahlreiche Nationalparkhäuser entlang der Küste und auf den Inseln.

Ostfriesenwitze

Seit drei Jahrzehnten werden in ganz Deutschland Ostfriesenwitze erzählt. Die Ostfriesen können den Spieß aber auch umdrehen: Was macht ein Ostfriese mit Bayern bei

Ferienlektüre

Ein Buch voller Mord- und Kochrezepte für den Urlaub an der friesischen Küste

Mordkompott« nennt Herausgeber Peter Gerdes seine Sammlung von 20 Kurzkrimis überwiegend norddeutscher Autoren, die alle an der Küste spielen. Das Buch aus dem Leda-Verlag in Leer ist nicht nur äußerst spannend, sondern auch lehrreich: In jeden Krimi ist ein ostfriesisches Koch- oder Getränkerezept integriert – von der Bohntjesopp über den Knüppelkuchen bis zur Grünkohlsuppe.

Ebbe im Watt? Er verkauft ihnen Baugrundstücke!

Salzwiesen und Quellerwatt

Zwischen dem Deich und dem Watt liegen mit den Salzwiesen besonders schützenswerte Gebiete, die nur auf wenigen markierten Wegen betreten werden dürfen. Als Salzwiesen bezeichnet man die nur noch gelegentlich vom Meer überspülten Landflächen zwischen dem Seedeich und der meist 20–30 cm hohen Abbruchkante, an der das Watt beginnt. In diesem vordersten Bereich des Watts, dem Schlick- oder Quellerwatt, setzt der Verlandungsprozess ein. Hier leben mit dem Queller (im August und September gelblich grün blühend) und dem Salzschlickgras (von Juni bis September gelblich weiß blühend) zwei Pflanzen, die mit ihren Wurzeln den Boden festigen und an denen sich feine Schwebstoffe absetzen. So wird der Boden erhöht und zugleich nährstoffreicher, sodass die Pflanzen schließlich absterben und anderen Arten Platz machen, deren Lebensraum die untere Salzwiese ist. Dazu gehören der Strandflieder, die Meerstranddistel und das grünlich violett blühende Andelgras. Auf der mittleren und oberen Salzwiese, die noch seltener vom Meerwasser erreicht werden, ist wieder eine andere Pflanzengesellschaft zu finden, zu der die selten gewordene Strandnelke und das Löffelkraut gehören. All diese Pflanzen sind die Lebensgrundlage für etwa 2000 Tierarten. Viele dieser Tiere leben in Abhängigkeit von nur einer einzigen dieser Pflanzenarten. Zudem sind die Salzwiesen für viele Vögel der einzige Platz, an dem sie während der Überflutung des Watts Nahrung finden. Andere wiederum brüten hier: der Rotschenkel, die Küstenseeschwalbe, der Regenpfeifer, die Uferschnepfe.

Seehunde

Das liebste Tier an der Nordseeküste ist den meisten Urlaubern wohl der Seehund. Von fast allen Küstenorten aus werden im Sommer Schiffsfahrten zu Seehundsbänken unternommen. Da liegen die Tiere, wenn das Watt trockengefallen ist, und sammeln neue Kräfte für die Jagd im zurückkehrenden Wasser. Ihre bevorzugte Nahrung sind Plattfische, sie begnügen sich aber auch

Köpfchen in das Wasser, Schwänzchen in die Höh: Siesta bei Familie Seehund

mit Garnelen. Seehunde, die ja Meeressäuger sind, können bis zu 40 Minuten lang unter Wasser bleiben. Sie werden bis zu 100 kg schwer und 1,50 bis 1,80 m lang. Ihre Ranzzeit, die Paarungszeit also, beginnt Ende Juli und hält bis in den September hinein an. Die Begattung wird im Wasser vollzogen. Nach zehn Monaten Tragezeit werden ab Mitte Juni die ersten Jungen geworfen – unglücklicherweise genau in der touristischen Hochsaison, wenn Ausflugsdampfer und Sportboote die Seehunde am meisten stören. Kommen die Boote den Seehunden zu nahe, flüchten sie ins Wasser. Das Säugen wird unterbrochen, und die Jungtiere scheuern sich auf der Flucht den noch sehr empfindlichen Nabel wund. Eine Entzündung endet oft tödlich. Bei der Flucht versucht das Jungtier (»Heuler«) durch klagende Geräusche Kontakt zur Mutter zu halten. Wind- und Strömungsgeräusche können diese jedoch überlagern und so dazu führen, dass es den Anschluss an seine Kolonie verliert und verhungert.

Andere Gefahren für die Seehunde sind Epidemien, wie sie zuletzt 1988 auftraten. Damals reduzierte sich die Zahl der Seehunde im niedersächsischen Wattenmeer von etwa 2500 auf gut 1000 Tiere. Inzwischen hat sich der Bestand erholt: 2001 wurden wieder über 6000 Seehunde gezählt.

Siele und Schöpfwerke

Siele sind Entwässerungsschleusen. Ihre meerseitigen Tore schließen sich bei auflaufendem Wasser selbsttätig und öffnen sich ebenso automatisch durch den Wasserdruck bei ablaufendem Wasser. Weil die Siele allein aber die Entwässerung der Marsch nicht mehr bewerkstelligen können, wurden im 20. Jh. zahlreiche elektrisch betriebene Schöpfwerke erbaut, die bis zu 50 m^3 Wasser pro Sekunde aus dem Binnentief herauspumpen können.

Tief

Tief nennen die Friesen breite, teilweise sogar schiffbare Wasserläufe in der Marsch, durch die sie entwässert wird. Binnentiefs liegen landseitig vom Siel, Außentiefs meerseitig.

Warfen und Wurten

Warfen, Warften oder Wurten sind friesische Wörter für Erdaufschüttungen in der Marsch, auf denen Kirchen, Bauernhöfe und ganze Dörfer stehen. Erste Wurten warfen die Menschen in der Marsch bereits in den Jahrhunderten nach der Zeitenwende auf; um 450 waren die meisten jedoch wegen des steigenden Meeresspiegels schon wieder verlassen. Eine erneute Besiedlung begann dann im frühen Mittelalter. Das schönste Wartendorf Ostfrieslands ist Rysum in der Krummhörn.

Windmühlen

Zwei Grundtypen sind zu unterscheiden: Bei der Bockwindmühle ist das ganze Mühlhaus drehbar, bei der Holländermühle nur die Kappe. Bei Erdholländern steht das Mühlenhaus direkt auf dem Boden, bei Galerieholländern auf einem Unterbau, der wie bei der Stiftsmühle in Aurich bis zu fünf Stockwerke hoch sein kann. Hier markiert eine umlaufende Galerie den Übergang vom Unterbau zum Mühlenhaus.

Pinkel und Granat

Lassen Sie sich bei den Spezialitäten der Küste nicht von ihren friesischen Namen abschrecken

Der traditionelle Speisezettel zwischen Ems und Elbe war bis in die Mitte des 20. Jhs. (und ist es noch heute) stark von dem geprägt, was die Fischer aus dem Meer holten und was Marsch und Moor an landwirtschaftlichen Produkten lieferten. Die auf den Marschenwiesen weidenden Kühe schenkten den Küstenbewohnern Milch, Käse und Fleisch, Hühner und Schweine fand man auf fast jedem Bauernhof. Dem Moor war nicht viel abzuringen: Der Buchweizen, der gar keine Getreidesorte, sondern ein Knöterichgewächs ist, lieferte Mehl und Grütze. Kühlschränke gab es nicht. So zeichnete sich die traditionelle Küche vor allem durch die Verwendung von viel Hülsenfrüchten und getrockneten Bohnen, von Speck und Pökelfleisch aus. Auf diesen Zutaten basieren viele der traditionellen ostfriesischen Spezialitäten.

Heute ist auf fast jeder Speisekarte an der Küste Fisch zu finden. Er wird meist in den beiden größten deutschen Fischereihäfen, Bremerhaven und Cuxhaven, angelandet und stammt überwiegend aus dem Nordatlantik. Kleinere Fischkutter, die in küstennahen Gewässern auf Fang gehen, gibt es aber auch in vielen kleinen Sielhäfen zwischen Greetsiel und Spieka-Neufeld.

Blätter, die die Welt bedeuten: Die Ostfriesen huldigen ihrem Nationalgetränk, dem (Assam-)Tee

Die Zubereitungsarten für Fisch sind vielfältig. Manchmal wird er mit einer Specksauce serviert – diese Variante nennt man Finkenwerder Art. Räucherfisch ist ein großer Genuss, vor allem, wenn Sie ihn frisch direkt in einer der vielen Räuchereien mit Imbissbetrieb verzehren. Eine typische Spezialität sind die kleinen *Garnelen,* die die Binnenländer als Krabben, die Friesen aber als Granat bezeichnen. Sie sind nicht billig, aber köstlich – besonders, wenn Sie sie frisch gekocht (erst dabei erhalten die braungrauen Krustentiere ihre blassrosa Farbe) und ungeschält direkt vom Krabbenkutter kaufen. In Geschäften bekommt man sie oft weit gereist: Die meisten Krabben werden zum Schälen wegen der dort billigeren Arbeitskräfte erst nach Polen oder Nordafrika gebracht, bevor sie zum Verzehr in ihre Heimat zurückgekarrt werden. *Miesmuscheln* stammen meistens aus Muschelbänken im niedersächsischen und holländischen Wattenmeer. Sie schmecken so gut und sind so begehrt, dass sie inzwischen auf der roten Liste der gefährdeten Tierarten als stark gefährdet eingestuft werden. Aus diesem Grund ra-

Ostfriesische Spezialitäten

Lassen Sie sich diese Köstlichkeiten gut schmecken!

Bookweeten – Pfannkuchen aus Buchweizenmehl, bevorzugt angereichert mit durchwachsenem Speck, Eiern und eventuell auch etwas abgestandenem Kaffee

Himmel und Erde – Kartoffelpüree mit gebratener Blutwurst, Zwiebelringen und Apfelscheiben

Knipp – grützwurstähnliches Gericht aus Hafergrütze und dem Fleisch von Schweinskopf und Schweinebauch

Kohl und Pinkel – Grünkohl, im Wangerland auch Braunkohl genannt, gekocht mit Schmalz, Zwiebeln, Hafergrütze, Kasslerfleisch, durchwachsenem Speck und verschiedenen Mettwürsten. Eine davon ist die spezielle Pinkelwurst aus Flomen, Zwiebeln, Gewürzen und Hafergrütze, die mit dem Kohl vermischt wird. Ein typisches Winteressen

Labskaus – Pökelfleisch oder Cornedbeef mit Kartoffelpüree, Matjeshering, Gewürzgurke, Roter Bete und Spiegelei

Ostfriesentorte – Torte mit Biskuitboden, deren Hauptbestandteile Schlagsahne und in Rum eingelegte Rosinen sind

Ostfriesische Kartoffelsuppe – Kartoffelsuppe mit durchwachsenem Speck und Granat

Pannstipp/Pantjestipp – Ein Dip, ideal zu Pellkartoffeln. Durchwachsener Speck und Zwiebeln werden in einer Mehlschwitze angebräunt und dann mit viel frischer Milch abgelöscht.

Snirrtjebraa/Snierdjebraden – In große Stücke geschnittener Schweinenacken, mit Pfeffer und Piment eingerieben, wird mit Zwiebeln angebraten und eine Stunde lang in Wasser geköchelt.

Speckendicken – Pfannkuchen aus Weizen- und Roggenmehl, zubereitet mit Eiern, Zuckerrübensirup, Schinkenspeck und Mettwurst und nach Geschmack gewürzt (am besten mit Anis und Kardamom). Ursprünglich ein Silvesteressen.

Steckrübeneintopf – Steckrüben, gekocht mit selbst gemachtem Kartoffelpüree und viel Lamm- oder Rindfleisch

Updrögt Bohnen – ein ostfriesisches Nationalgericht. Getrocknete Bohnen werden eingeweicht, in Stücke geschnitten und mit durchwachsenem Speck und Mettwürstchen gekocht.

ten der WWF und die Verbraucherzentrale des Landes Bremen von ihrem Genuss ebenso ab wie vom Verzehr von Rotbarsch, Schillerlocken, Haisteaks und Scholle.

Ohne ökologische Bedenken kann man den Aal genießen, den es in vielen Seen und Küstengewässern gibt. Am bekanntesten ist der *Zwischenahner Räucheraal.* Ihn genießt man auf eine besondere Art: Man isst ihn aus der Hand und spült anschließend oder auch zwischendurch Hände und Kehle mit einem Schluck Schnaps. Eine andere Fischspezialität, die auch im übrigen Deutschland bekannt ist, ist der *Matjeshering.* Am besten schmeckt er zwischen Ende Mai und Ende Juli. Nur an der Küste hingegen isst man die kleinen *Stinte,* einen Fisch aus der Familie der Lachse, der im Frühjahr in ganzen Schwärmen zum Laichen in die Flussmündungen zieht.

Ein einfaches und recht preiswertes Zwischen- oder Hauptgericht ist in Ostfriesland der *Milchreis,* der oft mit Früchten oder Beeren serviert wird. Aus Beeren wird auch eine typische Nachspeise bereitet: die *rote Grütze,* die mit frischer Sahne oder Vanillesauce am besten schmeckt.

Naschkatzen werden mit dem Tortenangebot in den Cafés sehr zufrieden sein. Neben der *Ostfriesentorte* ist auch die eigentlich auf den Ostfriesischen Inseln heimische *Sanddorntorte* eine Sünde wert. Lecker sind auch Jever *Echte Leidenschaften,* süße Brezeln aus Blätterteig, die man nicht nur in Jever erhält.

In Cafés und Teestuben steht auf der Getränkekarte das ostfriesische Nationalgetränk meist obenan: der Tee. Biere werden in mehreren Städten der Region gebraut; am bekanntesten sind die herben Sorten in den grünen Flaschen aus Bremen und Jever.

Das raue Nordseeklima lieferte Küsten- und Inselbewohnern schon immer einen guten Grund, einem Gläschen Schnaps zuzusprechen. Neben dem klaren Weizenkorn bevorzugen die Ostfriesen vor allem Kümmel- und Anisschnäpse. Eine Besonderheit ist der *Friesengeist,* den man gern nach einem kräftigen Essen bestellt. Er wird brennend und mit einem Friesenspruch aus Kellnermund serviert. Viele Wirte vor allem im ostfriesischen Kernland setzen ihre eigene *Sienbohnsopp* an. Das ist keineswegs eine Bohnensuppe, sondern ein Rum oder Branntwein mit Rosinen und Kandiszucker. Mit der echten Bohnensuppe hat sie gemein, dass man sie nicht trinkt, sondern löffelt. Beliebt sind auch alkoholische Heißgetränke wie der *Pharisäer,* ein Kaffee mit Rum, oder ein *Eiergrog:* Rumgrog mit einem geschlagenen Eigelb. Danach können Sie garantiert gut schlafen.

Restaurants gibt es zwischen Ems und Elbe in großer Zahl. Das Preisniveau sinkt in der Regel, je weiter man sich von der Küste entfernt. Vor allem Italiener, Griechen und Chinesen bereichern die regionale Szene, überwiegend Kurden und Türken sorgen für einen preiswerten Imbiss à la Döner und Kebab. Die meisten Restaurants gönnen sich außerhalb der Sommerferien einen oder zwei Ruhetage pro Woche. Die Essenszeiten sind meist eng begrenzt: In der Regel hat man zwischen 12 und 14 sowie zwischen 18 und 20 Uhr zu speisen.

Karamel-Sahne
Poppinga's Alte Bäckerei
100 g
Vanille-Sahne
0,7 l Weizendoppelkorn 38% Vol.
Greetsieler
Fischertropfen
EXKLUSIVABFÜLLUNG FÜR
J. W. Wolff
Echte
Leidenschaften
zart knusprige
Blätterbrezel

Kunsthandwerk und Teekultur

Als Mitbringsel oder Souvenir gibt es Originelles und Nützliches, vom Teeservice bis zum Buddelschiff, vom Hologramm bis zum »Moorfeuer«

Wer einmal das Teetrinken in Ostfriesland zelebriert hat, wird diesen Genuss auch zu Hause wiederholen wollen. In vielen Läden zwischen Weser und Ems finden Sie alles, was dazu nötig ist: die klassische ostfriesische Teemischung, die Kluntjes (also den Kandiszucker), den Sahnelöffel, das Stövchen zum Warmhalten des Tees und das feine, ostfriesische Teeservice aus Porzellan. Ein besonderer Genuss ist der mit Vanille aromatisierte Sonntagstee. Er heißt so, weil er früher wegen seines höheren Preises eben nur an Sonn- und an Feiertagen ausgeschenkt wurde.

Eine andere flüssige Spezialität sind die zahllosen Schnäpse und Liköre, die unter phantasievollen Namen wie Watt'n Geist (Weizenkorn), Moorfeuer (Halbbitterlikör) oder Nordsee-Geist (Genever mit Kräutern und Früchten) angeboten werden. Besonders gut zum Tee passt der ostfriesische Teelikör.

Wer gern Süßes mag, kann sich an Bonbons in Gestalt von Möweneiern oder an Muscheln aus Schokolade erfreuen. Ungeschälter Granat und frisch geräucherter Fisch, am letzten Urlaubstag gekauft, tragen den Geschmack des Meeres ins Binnenland. Und ans friesische Bier erinnern die vielfältigen Artikel rund ums Bier aus der Jever-Brauerei.

Ostfriesland ist eine Urlaubsregion für Süßmäuler und Teetrinker: Stillleben in Greetsiel

Buddelschiffe gibt es überall an der Küste in vielen Preislagen. Muscheln aus allen Weltmeeren werden vor allem in den privaten Muschelmuseen verkauft. Kunsthandwerker leben und arbeiten über die ganze Region verstreut. Die originelle, fast schon vergessene Technik des Blaudrucks wurde in Jever wieder belebt. Eine Riesenauswahl an modernen Hologrammen gibt es in Esens, handgewebte Textilien in Dorum. Keramik finden Sie vor allem in Jever, exklusive Schmuckdesigner beispielsweise in Hooksiel, Dorum und im Bremer Schnoorviertel. Dort erhalten Sie überdies bei Käthe Wohlfahrt das ganze Jahr über Christbaumschmuck.

Die Auswahl an Bernsteinschmuck ist in Esens besonders groß. Antiquitätenhändler sind in vielen Orten ansässig.

Feste, Events und mehr

Kutterregatten und Shantychöre – die Häfen stehen im Mittelpunkt der Feste

Wer im Mai durch Friesland und Ostfriesland fährt, sieht in vielen Orten auf Dorfplätzen und in Gärten bunt geschmückte Maibäume stehen. In der Nacht zum 1. Mai müssen sie gut bewacht werden, denn einen Maibaum zu stehlen

In Norddeich: Fischkutterkorso

ist guter friesischer Brauch. Nicht immer wird er fortgeschafft: Ein Baum gilt schon als entwendet, wenn es den »Dieben« gelungen ist, die ersten drei Spatenstiche unbemerkt anzusetzen. Erobern die »Bestohlenen« ihn nicht im Laufe des Wonnemonats zurück, müssen sie ihn auslösen – meist mit ein paar Kästen Bier.

Das ganze Jahr über sind an Privathäusern des Öfteren geschmückte Ehrenbogen und Girlanden aus Tannengrün und Papierblumen zu sehen. Nachbarn schmücken damit das Haus von neu Eingezogenen, von Jubilaren oder Geburtstagskindern – und werden dafür reichlich bewirtet. Auf den Stufen friesischer Rathäuser sind manchmal festlich gekleidete junge Männer mit einem Besen in der Hand zu sehen. Das ist ein untrügliches Zeichen dafür, dass sie gerade ihren 30. Geburtstag feiern und noch unverheiratet sind. Jetzt müssen sie so lange fegen, bis eine junge Dame sie freiküsst. Dafür aber haben Freunde schon ebenso gesorgt wie für Musik und reichlich Getränke.

Stadt- und Volksfeste

Wochenende an der Jade in Wilhelmshaven am ersten Juliwochenende: Kulturcocktail aus mehr als 400 Programmpunkten. Sieben Open-Air-Bühnen, Schiffsbesichtigungen, Großsegler und zum Abschluss am Sonntag ein Feuerwerk.

★ *Schützenfest* in Esens vom zweiten Freitag im Juli bis zum darauf folgenden Dienstag: Schau-

steller und Fahrgeschäfte, großes Festzelt. Montagmorgen Festumzug, abends Königsball.
Stadtfest in Aurich: ein Freitag und Samstag Mitte August. Livemusik auf über zehn Bühnen.
Gallimarkt in Leer Mitte Oktober: größtes Volksfest Ostfrieslands; am ersten Tag verbunden mit einem großen Viehmarkt.

Hafenfeste und Kutterregatten

★ *Kutterrennen Neuharlingersiel* Ende Juli: Bunt geflaggte Kutter liefern sich Wettfahrten, zahlende Gäste sind mit an Bord.
Hafenfest Carolinensiel am ersten Augustwochenende mit Feuerwerksspektakel »Hafen in Flammen« am Samstag.
Traditionelle Korsofahrt Greetsiel an einem Samstag Mitte August. Mehr Kutter als hier sind nirgends an der Küste unterwegs.
Fischkutterkorso Norddeich am vorletzten Samstag im August im Westhafen. Shantys, Marktstände und Kutterfahrten.

Sonstige Ereignisse

Nordseewoche Helgoland in der dritten Maidekade: die größte Segelsportveranstaltung an der Nordsee.
Matjestage Emden am letzten Maiwochenende: viel frischer Matjes, ein Volksfest und über 100 Traditionsschiffe im Alten Binnenhafen und am Ratsdelft.
Insider Tipp *Drachen- und Zirkusfestival* Butjadingen an Pfingsten in Burhave: jeden Tag Drachen in der Luft und viele Varietékünstler in kleinen Zirkuszelten.
Kreierrennen Pilsum an einem Samstag in der dritten Julidekade am Deicharbeiterdenkmal im Ortsteil Dieksiel: Wettschieben eines Wattschlittens im Schlick, an dem auch Gäste teilnehmen können.
Musikalischer Sommer drei Wochen Ende Juli/Anfang August: 30-mal klassische Musik an verschiedenen Veranstaltungsorten (u. a. Aurich, Dangast, Emden, Leer) in Ostfriesland. Programm im Internet unter *www.ostfriesischelandschaft.de*.
★ *Fuchsienschau* in Ihlowerfehn bei Aurich in der ersten Augusthälfte in der Gärtnerei Kuhlmann: über 200 blühende Fuchsiensorten auf 7500 m^2 begeistern Blumenfreunde.
Drachenfestival Cuxhaven Mitte August in Altenbruch-Hafen: Über 1000 Teilnehmer lassen Drachen steigen und hören Rockmusik am Strand.
Folklorefestival Cuxhaven am ersten Septemberwochenende im Kurpark und im Fort Kugelbake: Musik aus Norddeutschland.

Im Juli: Schützenfest in Esens

»Moin, moin« unter weitem Himmel

In Ostfriesland wird das Firmament zu einem Teil der Landschaft

Mit »Moin, moin« grüßt man sich zwischen Emden und Wittmund auch noch am späten Abend, denn es hat nichts mit dem hochdeutschen »Morgen« zu tun. Es besagt einfach so viel wie »hallo«, wenn das Wort selbst wohl ursprünglich auch »schön« bedeutete. Es ist natürlich plattdeutsch, wobei »platt« wiederum das niederdeutsche Wort für »flach« ist. Und flach ist Ostfriesland wahrhaftig. Anders als in Schleswig-Holstein gibt es hier keine Steilufer und keine sanft gewellte Geestlandschaft – der Blick schweift ungehindert zum Horizont. Dadurch wird auch der Himmel weiter, der mit seinem Wolkenspiel ein wesentlicher Bestandteil der ostfriesischen Landschaft ist.

Dass Ostfriesland sich nicht vom Dollart bis an den Jadebusen erstreckt, sondern sich die Halbinsel zwischen Ems- und Jademündung mit Friesland teilen muss, liegt vor allem an den Oldenburgern. Deren Grafen hatten schon früh versucht, ihren Besitz zu erweitern, und schufen sich ein Reich, das bis an die Weser und vor die Tore Bremens reichte. Mitschuld trägt aber auch ein gewisses Fräulein Maria von Jever. Sie starb kinderlos und hatte ihren Neffen Johann von Oldenburg als Erben eingesetzt, da sie seinen ostfriesischen Widersacher Edzard nicht leiden konnte. Damit war die Teilung zementiert, und Ostfriesland blieb bis heute auf den preußischen Regierungsbezirk Aurich reduziert.

Rotgrüne Eintracht: die Zwillingsmühlen am Ufer des Greetsieler Tiefs

Windgebeugt: Bäume im Marschland

Zu Ostfriesland gehören auch die sieben Ostfriesischen Inseln, die in diesem Band nur als Ausflugsziele geschildert werden. Ausführlich berichtet der MARCO POLO »Ostfriesische Inseln«.

AURICH

[109 F4] Aurich (40 000 Ew.) ist eine weitgehend moderne Stadt. Wenig erinnert daran, dass die Grafen

Dreimal die Woche hält Aurichs Marktplatz, was sein Name verspricht

und Fürsten aus der Familie Cirksena von hier aus zwischen Mitte des 15. Jhs. und 1744 Ostfriesland regierten. Ihre Burg stand an der Stelle, an der König Georg V. von Hannover 1852 ein Schloss im Tudorstil erbauen ließ. Es wird heute von verschiedenen Behörden genutzt. So ist Aurich für Urlauber vor allem als Einkaufszentrum attraktiv; für eine Besichtigung reichen zwei Stunden aus. Direkt unter dem Marktplatz liegt die Tiefgarage »Zentrum«.

SEHENSWERTES

St.-Lamberti-Kirche

Der aus einem ehemaligen Zisterzienserkloster bei Ihlow stammende Altar wurde um 1500 in einer Antwerpener Werkstatt geschnitzt und bemalt. Die klassizistische Kirche selbst wurde jedoch erst 1834/35 erbaut. *Lambertshof, Mai–Sept. Mo–Sa 11–12 und 15–16 Uhr*

Stiftsmühle

Die über 28 m hohe Kornwindmühle aus dem Jahr 1858 ist die größte Ostfrieslands. Sie ist heute ein Museum, wo Entwicklung und Funktionsweise von Windmühlen ausführlich erklärt werden. Im alten Müllerhaus bietet eine gemütliche Teestube vorzüglichen ostfriesischen Tee an. *Oldesumer Str. 28, Tel. 04941/189 89, Di–Sa 11–17, So 15–17 Uhr (Führungen Di und Fr 15 Uhr), 2 Euro*

MUSEUM

Historisches Museum

Das modern aufgebaute Museum in einem Stadthaus, dessen Kern aus der Zeit um 1530 stammt, illustriert anschaulich die Stadtgeschichte von der Steinzeit bis heute. *Burgstr. 25, Tel. 04941/183 11, Di–So 11–17 Uhr, 2,50 Euro*

ESSEN & TRINKEN

Zur Börse

1901 eröffnetes Gasthaus mit Biergarten auf dem alten Stadtwall. *Burgstr. 50, Tel. 04941/616 20, So geschl., €*

Markthalle

Inside Tipp

Für weniger als 6 Euro können Sie in der gläsernen Auricher Markthalle satt werden. Sie stellen sich Ihr Essen an den Tresen verschiedener Anbieter selbst zusammen. Donnerstagabends gibt es häufig Livemusik. *Marktplatz, Mo–Fr 8–18.30 (Do bis 23), Sa 8–16 Uhr, €*

EINKAUFEN

Haupteinkaufsstraße ist die Burgstraße, die auch den Marktplatz

(Wochenmarkt Di, Fr und Sa) mit seiner gläsernen Markthalle streift. Konkurrenz macht ihr der Carolinenhof, ein modernes, überdachtes Shoppingcenter an der Ringstraße um die Innenstadt.

ÜBERNACHTEN

Piqueurhof
Klassizistischer Bau am Rand der Fußgängerzone dort, wo einst Aurichs erste Häuptlingsburg stand. Mit Hallenbad. *51 Zi., Burgstr. 1, Tel. 04941/955 20, Fax 95 52 68, www.hotel-piqueurhof.de,* €€€

Twardokus-Altstadthotel
Historisches Hotel in der Fußgängerzone, mit Dachterrasse und Fahrradverleih. *13 Zi., Kirchstr. 6, Tel. 04941/990 90, Fax 99 09 29,* €€

AM ABEND

Zur Ewigen Lampe Insider Tipp
Im Gastraum von Aurichs ältester Kneipe in einem über 400 Jahre alten Haus stehen nur drei Tische. Da kommt man wie von selbst in Kontakt mit den einheimischen Stammgästen. *Hafenstr. 1, So-Abend geschl.*

MARCO POLO Highlights »Ostfriesland«

★ **Museumsschiffe in Emden**
Ein Heringslogger, ein Feuerschiff und ein Rettungskreuzer (Seite 39)

★ **Seehundaufzucht- und -forschungsstation in Norddeich**
Junge Seehunde, die wieder in Freiheit gelangen (Seite 50)

★ **Kunsthalle in Emden**
Meisterwerke des 20. Jhs., gesammelt von Henri Nannen (Seite 40)

★ **Moormuseum in Moordorf**
Ein einzigartiges Museum der Armut (Seite 30)

★ **Insel Spiekeroog**
Auf der traditionsbewussten Nordseeinsel werden selbst Fahrräder nicht gern gesehen (Seite 34)

★ **Restaurant Witthus in Greetsiel**
Exzellent essen im schönsten Ort Ostfrieslands (Seite 48)

★ **Restaurant Alte Schmiede in Dornumersiel**
Feine Küche in historischem Ambiente oder im Sonnenschein (Seite 37)

★ **Burghotel Beninga in Dornum**
Gemütlich wohnen und speisen in historischen Gemäuern (Seite 38)

★ **Ausflugsziel Rysum**
Ostfrieslands schönstes Warfendorf ist kreisrund (Seite 49)

★ **Norder Heimatmuseum und Ostfriesisches Teemuseum**
Allerlei Wissenswertes rund um das ostfriesische Nationalgetränk (Seite 50)

Rahmann
Megatanztempel mit zwei Pisten. *Westerlooger Str. 12, Aurich-Middels, wechselnde Öffnungstage, Tel. 04947/236*

SCHIFFSTOUREN

Von Ostern bis Mitte Oktober Ausflugsfahrten mit der MS »Stadt Aurich« über den Ems-Jade-Kanal nach Wiesens, Ihlow oder Emden. *Termine beim Verkehrsverein*

AUSKUNFT

Verkehrsverein Aurich
Norderstr. 32, 26603 Aurich, Tel. 04941/44 64, Fax 106 55, www.aurich.de

ZIELE IN DER UMGEBUNG

Moormuseum Moordorf [109 E4]
In dem Ort (6000 Ew.) am Abelitz-Moordorf-Kanal macht das ★ *Moormuseum* auf eindrucksvolle Weise deutlich, in welcher Armut die Kolonisatoren des Moores im 18., 19. und auch noch im frühen 20. Jh. lebten. Im Freilichtbereich wurden ihre mit Stroh oder Reet gedeckten Lehmhütten und ein Kolonistenhaus nachgebaut; ein Buchweizenfeld und ein Torfstich illustrieren ihre Lebensgrundlage. *Victorburer Moor 7a, Tel. 04942/27 34, www.moormuseum-moordorf.de, 21. März–Okt. Di–So 10 bis 17.30 Uhr, 2,50 Euro*

Raher Schleuse [109 E4] Insider Tipp
Die Schleuse, auf Friesisch Rahester Verlaat genannt, ist eine von vieren im Verlauf des Ems-Jade-Kanals. Sie wird noch heute von Lastkähnen genutzt, die bis zu 33 m lang sein dürfen, soll aber demnächst modernisiert und erweitert werden. Direkt an der Schleuse liegt die Caféterrasse der *Schankwirtschaft Kukelorum (Boomweg 26, Rahe, Tel. 04941/645 55, Mo geschl., €)*, von der aus man den gemächlichen Schleusenbetrieb gut beobachten kann. Sie bietet unter anderem ostfriesischen Tee und ostfriesische Spezialitäten.

Im Sommer starten in Aurich Ausflugsfahrten auf dem Ems-Jade-Kanal

Upstalsboom **[109 E4]**
Bevor sich auch in Ostfriesland Adlige zu Herren über ihre Mitmenschen aufschwangen, war Friesland zwischen Zuiderzee und Weser ein Land freier Bauern. Sie hatten sich zum Upstalsboomverband zusammengeschlossen und entsandten ihre gewählten Vertreter einmal jährlich am Dienstag nach Pfingsten zu einer alten friesischen Volksversammlungsstätte bei Aurich, dem Upstalsboom (dem »aufgestellten Baum«). Auf diesen Thing genannten Plätzen wurden Gesetze verabschiedet und Verträge geschlossen, und man beriet sich über die auswärtigen Beziehungen. Heute erinnert eine kleine, 1833 errichtete Pyramide auf einem Erdhügel an diese Zeit, die mit einem ersten Zusammentreffen im Jahr 1156 begann. *Wegweiser »Zur Thingstätte« an der Oldersumer Straße hinter Rahe, frei zugänglich, am Beginn der Buchenallee parken, von dort 200 m zu Fuß*

Carolinensiel und Harlesiel

[110 B3–4] Die zur Stadt Wittmund gehörende Gemeinde Carolinensiel (1700 Ew.) überrascht mit einem der schönsten Häfen Ostfrieslands, obwohl sie gar nicht am Meer liegt. 1729 reichte es dagegen noch bis hierher, als der Ort von holländischen Siedlern gegründet und der Hafen vor einem neu in den damaligen Deich eingefügten Sieltor angelegt wurde. Durch Eindeichungen wurde in den folgenden Jahrzehnten Neuland gewonnen, sodass 1765 der Bau einer Schleuse etwa 1 km nordwärts notwendig wurde, die man nach Friedrich dem Großen benannte. Weitere Neulandgewinnungen führten dann 1955–59 zur nochmaligen Verlängerung des Siels und zum Bau einer weiteren Schleuse mit modernem Schöpfwerk vor dem heutigen Hafen von Harlesiel, von dem die Fähren nach Wangerooge abfahren. Der Hafen von Carolinensiel ist heute nur noch Museumshafen. Alte Häuser und hohe Bäume säumen ihn auf drei Seiten, an den Kais sind Museumsschiffe fest vertäut. Eine kleine, offene Fähre verkehrt im Sommer bei schönem Wetter täglich jede Stunde zwischen 10 und 18 Uhr zwischen dem Museumshafen und Harlesiel. Gastboote dürfen nur anlegen, wenn es sich um Oldtimer handelt. Wer mit dem Auto kommt, darf (mit Parkscheibe) auf dem Parkplatz der Kurverwaltung in der Bahnhofstraße – vier Gehminuten vom Hafen entfernt – bis zu vier Stunden kostenlos parken.

SEHENSWERTES

Deichkirche
Das Mauerwerk des auch als »Schifferkirche« bezeichneten Gotteshauses von 1776 ist ringsum so grün berankt, dass die Ziegelsteine kaum noch zu sehen sind. Innen wirkt die Kirche durch ihre Schlichtheit. Besonders schön sind die Orgelempore und die drei großen Segelschiffmodelle. *Carolinensiel, Kirchstr., Di–Sa 10–18 Uhr, kostenlose 20-minütige Führungen im Juli/Aug. Mi 10 Uhr* Insider Tipp

Friedrichsschleuse
Eine Zugbrücke holländischer Art überspannt die Schleuse, die Sie

von Carolinensiel auf einem etwa 15-minütigen Spaziergang entlang der Harle erreichen.

MUSEUM

Sielhafenmuseum
Das über drei historische Häuser verteilte Museum erläutert die frühere Bedeutung des Ortes als einer der größten Häfen Ostfrieslands. Vor allem aber zeigt das Museum das Leben im Ort im 19. und frühen 20. Jh.: wieder aufgebaute Werkstätten wie die eines Seilers, eines Böttchers, eines Segelmachers usw., eine Apotheke und ein alter Tante-Emma-Laden. *Carolinensiel, Am Hafen Ost und Pumphusen 3, Tel. 04464/456, Mitte März–Mitte Nov. sowie in den Weihnachtsferien tgl. 10–18 Uhr, kostenlose Führungen Mai–Sept. Mo 15.30 Uhr, 2,60 Euro, Kinder (6–16 Jahre) 50 Cent*

ESSEN & TRINKEN

Erholung
Früher Seemannskneipe, heute die einzige Gaststätte mit Terrasse direkt am Museumshafen. Sehr preiswerte Mittagsgerichte, Frühstück à la carte. *Carolinensiel, Am Hafen Ost 5, Tel. 04464/310, kein Ruhetag, €*

Puppen-Café
Draußen eine Rasenterrasse am Harleufer, drinnen ein niedlicher Gastraum, den wertvolle alte Puppen dekorieren. Spezialitäten sind die Haustorte mit Zimtsahne, Rum und Pflaumen und der »Ostfriesische Sturmsack«, ein mit Sahne und Bohnensopp, also Rosinen in Branntwein, gefüllter Windbeutel. Dazu passt als Getränk ein Zimt- oder Walnusslikör. *Carolinensiel, Am Hafen West 12, Tel. 04464/429, kein Ruhetag, €*

Räuchereien
Zwei Räuchereien bieten täglich frisch geräucherte Fische zum Mitnehmen, aber auch zum direkten Verzehr: die *Küsten-Räucherei Albrecht (Friedrichsschleuse 17)* und die *Räucherei an der Schleuse (Harlesiel, Schleusenstr. 9), beide tgl. 9–21 Uhr*

Im Sielhafenmuseum: wundersame Zeitreise für die Kids der Computerära

EINKAUFEN

Atelier Hermann Hohlen
Landschaftsbilder in Öl, überwiegend Motive aus Carolinensiel und Umgebung, Gemälde ab ca. 130 Euro. *Carolinensiel, Pumphusen 10, bitte klingeln*

Lothar Reichert Antiquitäten
Nicht nur Möbel, sondern auch viel Trödel und Kunsthandwerkliches zum Mitnehmen. *Carolinensiel, Kirchstr. 2*

ÜBERNACHTEN

Gästehaus Blischke
Moderne Zweipersonenapartments in einem Haus unmittelbar am Harleufer, 1200 m vom Strand entfernt. *6 Apartments, Carolinensiel, Pumphusen 4–6, Tel. 04464/94 88 00, Fax 94 88 39, Hotel-Blischke@t-online.de, €€*

Schluister Park
Kleines Hotel 900 m vom Strand. Sauna und Solarium, Bier- und Kaffeegarten. *12 Zi., Friedrichsschleuse 7, Tel./Fax 04464/85 12, €€*

Insider Tipp **Urige Windmühle**
23 Ferienwohnungen für zwei bis zehn Personen in einer Windmühle, dem Müllerhaus und einem Nebengebäude (dort mit offenem Kamin und Balkon). Auskunft: *Gabriele Encke, Finkenweg 8, 46284 Dorsten, Tel. 02362/751 52, Fax 739 33, www.nordseemuehle.de, €*

AM ABEND

Zur Möwe
Kneipe und Restaurant auf einem fest auf der Harle zwischen Friedrichsschleuse und Schöpfwerk vertäuten Schiff, manchmal abends Livemusik. *Friedrichsschleuse 25, tgl. ab 11.30 Uhr*

Rostiger Anker
Urige, maritim eingerichtete Kellerkneipe, in der zu Musik aus der Jukebox getanzt werden kann. *Carolinensiel, Wittmunder Str. 1, tgl. ab 20 Uhr*

AUSKUNFT

Kurverwaltung und Zimmervermittlung Carolinensiel-Harlesiel
Bahnhofstr. 40, 26409 Carolinensiel, Tel. 04464/949 30, Fax 94 93 23, www.nordsee-urlaub.de/carolinensiel

ZIELE IN DER UMGEBUNG

Neuharlingersiel **[110 A3–4]**
Neuharlingersiel ist – anders, als sein Name vermuten lässt – ein schon 1693 gegründeter und noch immer sehr geschäftiger Hafenort (1200 Ew.) direkt am Wattenmeer. 19 Fisch- und Krabbenkutter sind hier stationiert, im Hafen herrscht Arbeitsatmosphäre. Auch die Sehenswürdigkeiten liegen um den Hafen herum. Unmittelbar am Anleger der Spiekeroogfähre gewährt die *Deutsche Gesellschaft zur Rettung Schiffbrüchiger (tgl. 10–11.30 und 14.30–17 Uhr, 1 Euro)* in einem Schuppen Einblick in ihre segensreiche, nur aus privaten Spenden finanzierte Arbeit. An der westlichen Hafenseite präsentiert ein privates *Buddelschiff-Museum (Westseite 7, tgl. 10–13 und 13.30–17 Uhr, 1,50 Euro)* im Gebäude von Janssen's Hotel über 70 dieser fili-

granen Gebilde: Thor Heyerdahls Kon-Tiki hat ebenso ihre Flasche gefunden wie die Santa Maria des Kolumbus. In einer Flasche liegt ein Schiff im Trockendock, eine andere teilen sich zwei konventionelle und ein atomgetriebenes U-Boot. Sogar ein Buddelschiffbauer bei seiner Arbeit ist in einer der Flaschen zu bestaunen.

Im Süden des Hafenbeckens gelangen Sie durch die Sieltore, die bei Sturmfluten geschlossen werden können, in den kleinen Park des *Sielhofs*, eines wie ein kleines Schloss wirkenden Gutshofs aus dem 18. Jh. Die Tür zur winzigen *Gutskapelle* steht meist offen; stimmungsvolle Abendandachten finden hier von Mitte Juni bis Ende August jeweils Mi und Fr um 20.30 Uhr statt. Im alten Gutshof wartet das *Café-Restaurant Sielhof (Mo geschl., Tel. 04974/605, www.sielhof.de, €€)* auf Gäste. Direkt am Hafen übernachten Sie gut in *Mingers Hotel (33 Zi., Am Hafen West 1, Tel. 04974/91 30, Fax 913 21, €€)*. Einen Tagesparkplatz finden Sie am Fähranleger auf der Westseite des neuen Hafens.

Auskunft: *Kurverwaltung, Edo-Edzards-Str. 1, 26427 Neuharlingersiel, Tel. 04974/18 80, Fax 788, www.neuharlingersiel.de*

Spiekeroog [110 A–B3]

★ Spiekeroog (790 Ew.) ist die ruhigste und traditionsverbundenste aller Ostfriesischen Inseln. Als einzige besitzt sie keinen Flugplatz. Spiekeroog ist nicht nur autofrei: Selbst Gästefahrräder werden hier nur ungern gesehen, einen Fahrradverleih gibt es nicht. Im historischen Ortskern mit seinen schmalen Gassen stehen nicht nur mehrere jahrhundertealte Insulanerhäuser, sondern auch hoch gewachsene Bäume und die älteste Kirche aller sieben Inseln. Kein modernistischer Bau stört das harmonische, wirklich noch dörflich anmutende Ortsbild mit seinen Linden und Kastanien. Zwischen Dorf und Strand liegt ein außergewöhnlich breiter Dünengürtel, den stellenweise Wäldchen durchziehen. Durch die Dünen führt ein dichtes Netz von Wanderwegen; Aussichtsdünen gewähren einen prächtigen Überblick über die Insel.

Durch den Dünengürtel von Spiekeroog führt ein Netz von Wanderwegen

Zumindest von außen anschauen sollten Sie sich die *Alte Inselkirche (Innenbesichtigung nur Mo 16 bis 17, Mi 11–12, Fr 17–18 Uhr)* aus dem Jahr 1698 zwischen den Straßen Süder- und Noorderloog. Auf dem Kirchhof sind noch einige alte Grabsteine aus dem 18. und 19. Jh. zu sehen, von denen zwei schöne Segelschiffreliefs tragen. Insider Tipp Amüsant ist das private *Muschelmuseum* in der Strandhalle *(Mo–Sa 10–12 und 13.30–16.30 Uhr, 1,50 Euro)*. Ein stimmungsvolles Café ist *Das Alte Inselhaus (Süderloog 4, tgl. 15–17 und 19–23 Uhr)* im ältesten, um 1700 erbauten Haus der Insel.

Die Fähren nach Spiekeroog fahren in Neuharlingersiel ab, der Fahrplan ist tidenabhängig *(Auskunft Tel. 04974/214)*.

Wangerooge **[110 B–C3]**

Die östlichste der Ostfriesischen Inseln (1280 Ew.) musste im April 1945 den schwersten Bombenangriff hinnehmen, dem die Inseln je ausgesetzt waren. Nur wenige ältere Häuser wie der Bahnhof von 1906 stehen noch. Am Bahnhof beginnt mit der Zedeliusstraße die Flaniermeile Wangerooges, die 600 m weit bis direkt an den Strand führt. Von dort aus sieht man oft große Schiffe vorbeifahren: Die Schifffahrtswege in den Jadebusen, die Weser und die Elbe führen dicht an der Insel vorbei.

Über Wangerooge und seine Geschichte informiert das *Inselmuseum (Bahnhofstr., tgl. 10–13 und 14–17 Uhr, 2 Euro)* im schon 1855 bis 59 erbauten, 39 m hohen Alten Leuchtturm. Deutsche Soldaten und ausländische Zwangsarbeiter sind in der Kriegsgräberstätte in einem Dünental am Fußweg in den Inselwesten beigesetzt. Dort steht seit 1933 der Westturm als Wahrzeichen der Insel (heute Jugendherberge).

Ein schöner Platz fürs Mittagessen oder Kaffeetrinken ist das kreisrunde *Café Pudding (Zedeliusstr., Tel. 04469/220, kein Ruhetag, €€)* auf einer Düne über dem Strand. Anspruchsvolle Souvenirs bietet die Künstlerin Monika Ploghöft in ihrer *Galerie Collage am Damenpfad (Charlottenstr. 25)*. Insider Tipp

Die Fähren nach Wangerooge fahren in Harlesiel ab, der Fahrplan ist tidenabhängig *(Auskunft Tel. 04464/94 94 11)*.

Werdum **[110 A4]**

Der kleine, beschauliche Erholungsort im ostfriesischen Binnenland tut viel für seine Gäste. Die 1748 gebaute Windmühle steht Besuchern tagsüber ebenso kostenlos offen wie die alte Schmiede gleich nebenan. Kostenlose Führungen durch die 1327 gebaute Dorfkirche werden im Juli und August jeweils donnerstags um 17 Uhr angeboten. Auskunft und Zimmervermittlung: *Heimat- und Verkehrsverein, Raiffeisenplatz 1, 26427 Werdum, Tel. 04974/99 00 99, Fax 99 00 39, www.werdum.de*

Wittmund **[110 B5]**

Als Wittmund (19 000 Ew.) 1978 im Rahmen einer Gebietsreform Oldenburg angegliedert werden sollte, liefen die Wittmunder Sturm gegen diesen Plan: Sie wären dann ja keine Ostfriesen mehr gewesen. Ein Gericht gab ihnen Recht, Wittmund wurde zur selbstständigen Kreisstadt und blieb somit ostfriesisch. Aufregender wurde es dadurch auch nicht. Sehenswert ist jedoch das *Heimatmuseum in der Peldemühle (Esenser Str. 14, Tel. 04462/52 79, April–Okt. Di–Sa 10 bis 12.30 und 14–18, So 10–12 Uhr, 1,50 Euro, Kinder bis 14 Jahre frei)*, der 1741 gebauten und damit ältesten Galerieholländermühle Deutschlands.

In der zweiten Mühle der Stadt, der *Siuts-Mühle* von 1885, können Sie heute stimmungsvoll und gut essen: Sie beherbergt das italienische *Restaurant Die Mühle (Auricher Str. 11, Tel. 04462/40 51, kein Ruhetag, €€)*. Insider Tipp

Auskunft: *Fremdenverkehrsamt, Knochenburgstr. 11, 26409 Wittmund, Tel. 04462/98 31 25, Fax 98 32 99; von den Oster- bis zu den Herbstferien außerdem Tourist-Information, Am Markt 15, Tel. 04462/21 81, Fax 21 82, www.wittmund.de*

DORNUM UND DORNUMERSIEL

[109 E1–2] Dornum (4700 Ew.) ist einer der beschaulichsten und zugleich interessantesten Orte Ostfrieslands. Niedrige Häuser, meist aus schwarzroten Klinkern, säumen die verkehrsarmen Straßen; in den guten Restaurants und Kunsthandwerksläden herrscht keinerlei Hektik. Zwei von drei Burgen, die das auf einer Geestinsel inmitten der Marsch gelegene Dornum um 1400 besaß, sind einige Zeit nach ihrer Zerstörung im Jahr 1514 wieder aufgebaut worden und zieren den Ort heute ebenso wie die alte Kirche. Von besonderem Interesse sind die ehemalige Synagoge und der jüdische Friedhof Dornums, die daran erinnern, dass es hier wie anderswo in Ostfriesland bis zur Nazizeit einen jüdischen Bevölkerungsteil gab. Dornumersiel, der Hafenort der Gemeinde, zeichnet sich durch mehrere sehr gute Restaurants und durch seine Ruhe aus.

SEHENSWERTES

Jüdischer Friedhof

Auf dem kleinen, idyllischen Friedhof stehen noch über 30 zumeist deutsch und hebräisch beschriftete Grabsteine Dornumer Juden aus den Jahren 1721–1945. *Dornum, Marktstr., So–Fr frei zugänglich*

St.-Bartholomäus-Kirche

Die auf einer Warf gelegene Kirche aus dem späten 13. Jh. diente bei Sturmfluten als Zufluchtsort. Zu ihrer Innenausstattung gehören ein Sandsteintaufbecken aus der Zeit um 1300 und eine klangvolle, um 1710 geschaffene Orgel. *Dornum, Kirchstr., Ostern–15. Okt. tgl. 10–12 und 15–17 Uhr, in den Weihnachtsferien tgl. 10–12 und 14–16 Uhr*

Synagoge Insider Tipp

Als einzige von einst zwölf ostfriesischen Synagogen hat die von Dornum die Reichspogromnacht äußerlich unversehrt überstanden, weil sie ein paar Tage zuvor an einen nichtjüdischen Dornumer Tischler verkauft worden war, der sie als Möbellager nutzen wollte. Seit 1992 dient sie als Informations- und Gedenkstätte. Zu einem Erlebnis wird der Besuch durch ihren Initiator Georg Murrah-Regner, der als Jude und waschechter Ostfriese zugleich voller Engagement und äußerst unterhaltsam versucht, Besu-

Der Phantasie sind keine Grenzen gesetzt: Drachen und Windräder

chern Einblicke in Geschichte und Religion der (ostfriesischen) Juden zu vermitteln. *Dornum, Kirchstr. 5, Tel. 04933/342, Fr–So 15–18 Uhr, Eintritt frei*

Wasserschloss Norderburg
Ostfrieslands größtes Wasserschloss, erbaut im Stil des Barock zwischen 1668 und 1720, dient heute als Schule. Imposant sind das 30 m hohe Torhaus und die Weite des Schlosshofes. Der Rittersaal mit seinen Wand- und Deckenmalereien ist nur im Rahmen von Führungen zu besichtigen. *Dornum, Schlossstr., Tel. 04933/13 43, während der Schulzeit erst ab 13.15 Uhr, Führungen So 11 und Mo 16 Uhr*

MUSEEN

Nordseehaus
Thema der Ausstellung sind die Lebensformen des Wattenmeers und ihre Gefährdung durch Umweltverschmutzung. Während der Saison Zusatzausstellung zur Geschichte des Doppelsielortes Dornumer- und Westeraccumersiel. *Dornumersiel, Oll Deep 7, Tel. 04933/15 65, Di bis Fr 9–17, Sa/So 13–17 Uhr, Eintritt frei*

Oma-Freese-Huus
Kleine Heimatstube, u. a. mit einer komplett eingerichteten Schuhmacherwerkstatt und einer alten Küche mit offener Feuerstelle. *Dornum, Gartenstr. 1, Tel. 04933/13 43, Pfingsten–Sept. Di und Do 11–12 und 15–17, So 15–17 Uhr, Eintritt frei, Spende erbeten*

ESSEN & TRINKEN

Alte Schmiede
★ Erstklassiges Restaurant mit vielseitiger Speisekarte, auf der unter anderem Ente, Deichlamm und saisonale Spezialitäten stehen. *Dornumersiel, Cassen-Eilts-Pad 2, Tel.*

Glückliche Dornumer Schüler: Sie dürfen in einem alten Wasserschloss die Bank drücken

04933/17 44, im Winter Mo/Di geschl., €€€

Auf der Beningaburg
Gute regionale Küche, serviert im Burgkeller und im Burghof. Drinnen und draußen auch je ein großer Mühlstein als Tisch, an dem die Gäste selbst über Holzkohle grillen können. *Dornum, Beningaburg, Beningalohne 2, Tel. 04933/99 17 67, kein Ruhetag, €€*

Sielhuus
Ostfriesische Teestube in zwei Räumen in einem Haus von 1772. *Dornumersiel, Oll Deep 3, Tel. 04933/ 91 40 14, abends, im Winter außerdem Di/Mi geschl., €*

EINKAUFEN

Goldschmiede Matthey
Exklusiver, im Atelier selbst gearbeiteter Schmuck aus Silber, Gold und Platin mit und ohne lupenreine Brillanten; auch Eheringe. *Dornum, Kirchstr. 8*

Handweberei Fiefschaft Insider Tipp
Die gebürtige Münsteranerin Irene Steffens entwirft Altartücher, Tischdecken, Gardinen und andere Wohntextilien sowie Kleidung nach eigenen Ideen oder Kundenwünschen, die dann in ihrem Bauernhaus bei Dornum an einem ihrer 15 Webstühle in Handarbeit gewebt werden. *Dornum, Am Marktplatz, Mo–Fr 14.30–18, Sa 10–12.30 Uhr*

ÜBERNACHTEN

Burghotel Beninga
★ Zimmer mit modernem Komfort in einer alten Burg aus dem 17. Jh. *8 Zi., Dornum, Beningalohne 2, Tel. 04933/99 17 67, Fax 99 17 69, www.hotel-beningaburg.de, €€*

Zum Kronprinzen
Das Hotel in einem zweigeschossigen Klinkerbau am Marktplatz ist mit wertvollen Teppichen, Bauern- und Antikmöbeln eingerichtet. *13 Zi., Dornum, Kirchstr. 11, Tel. 04933/911 30, Fax 99 03 07, €€*

AUSKUNFT

Tourismus GmbH Gemeinde Dornum
Hafenstr. 3, 26553 Dornumersiel, Tel. 04933/911 10, Fax 91 11 15, www.dornumersiel.de

ZIELE IN DER UMGEBUNG

Baltrum **[109 E1]**
Auf der kleinsten der Ostfriesischen Inseln (540 Ew., 6,5 km² klein) tragen die Straßen keine Namen – die

Hausnummern werden chronologisch quer durch den Ort vergeben. Der liegt inmitten niedriger Dünen; die Häuser sind auf Dünen und in Dünentäler hineingebaut. Im Ort sind die *Alte Kirche (Haus 8, Westdorf)* aus dem Jahr 1830, die 1888 erbaute alte *Inselschule* gleich daneben und die moderne, reetgedeckte *Katholische Inselkirche (Haus 34, Westdorf)* sehenswert. Sie ist mit 14 schönen bunten Glasfenstern geschmückt. Schönste Landschaft ist das 1000 m lange und bis zu 300 m breite Dünental.

Abfahrtshafen für Baltrum ist Neßmersiel, der Fahrplan ist tidenabhängig *(Auskunft Tel. 04939/ 913 00)*.

Insider Tipp

Westeraccum [109 E2]

Auf dem *Friedhof* der Dorfkirche stehen zahlreiche alte und auch neue Grabsteine mit besonders schönen Reliefs von Segelschiffen. Andere sind mit Engelsköpfen oder mit der Hand Gottes geschmückt. *Kirchstr., frei zugänglich*

EMDEN

Karte in der hinteren Umschlagklappe

[109 D5] Emden (51 000 Ew.) ist die bedeutendste Hafenstadt Ostfrieslands und der wichtigste Industriestandort der Region. VW produziert hier pro Tag etwa 1200 Wagen vom Typ Passat, über 10 000 Menschen sind dort beschäftigt. Vom Emder Autoverladehafen aus werden jährlich rund 450 000 neue Autos in alle Welt verschifft. Auf zwei Werften werden auch große Pötte bis zu 100 000 Bruttoregistertonnen gebaut; eine Reihe von Zulieferbetrieben stellt weitere Arbeitsplätze zur Verfügung. Trotzdem ist Emden keine hässliche Industriestadt. Obwohl im Zweiten Weltkrieg durch Bombenangriffe zu 80 Prozent zerstört, besitzt die Innenstadt zu beiden Seiten des alten, Ratsdelft genannten Hafens viel Flair. Langeweile kommt hier auch abends nicht auf.

SEHENSWERTES

Hafenrundfahrten

Fahrt in den Emder Außenhafen und zur Autoverladeanlage. *Osterferien–Ende Okt. mehrmals tgl. ab Delfttreppe, Tel. 04921/89 07 22, 6,25 Euro*

Museumsschiffe

★ Im Ratsdelft liegen drei alte Schiffe, die besichtigt werden können: der hölzerne Segellogger AE7 Stadt Emden, der zum Heringsfang in der Nordsee eingesetzt wurde, der Seenotrettungskreuzer Georg Breusing, der von 1963 bis 1988 auf Borkum stationiert war, und das Feuerschiff Deutsche Bucht, das 1918 in Dienst gestellt wurde. Heute lotst es keine Schiffe mehr in sichere Fahrwasser, sondern Brautpaare in den Hafen der Ehe: An Bord kann man sich trauen lassen. *Ratsdelft, Tel. 04921/232 85, April bis Okt. Mo–Fr 10–13 und 15–17, Sa/So 11–13 Uhr, Einzeleintritt je Schiff 1,50–2 Euro*

Stadtführungen

April–Okt. Sa 11 Uhr, Treffpunkt Infopavillon am Stadtgarten, 3 Euro

VW-Werk

Emdens wichtigster Industriebetrieb. *Werksbesichtigung gratis nach telefonischer Anmeldung Mo–Do 9.30 und 13.30 Uhr, Tel. 04921/86 23 90, Fax 86 37 56*

MUSEEN

Insider Tipp **Bunkermuseum**

In einem Bunker aus dem Zweiten Weltkrieg wird auf mehreren Etagen die Geschichte Emdens zwischen 1933 und den frühen Fünfzigerjahren gezeigt. *Holzsägerstr., Tel. 04921/322 25, Mai–Okt. Di–Fr 10–13 und 15–17, Sa/So 10–13 Uhr, 2 Euro*

Kunsthalle

★ 1986 stiftete der aus Emden stammende »Stern«-Herausgeber Henri Nannen das Haus und seine bedeutende Sammlung von Werken der klassischen Moderne, insbesondere von deutschen Expressionisten, seiner Heimatstadt. Zudem finden hier wechselnde Sonderausstellungen von überregionalem Rang statt. *Hinter dem Rahmen 13, Tel. 04921/97 50 50, Di 10–20, Mi–Fr 10–17, Sa/So 11–17 Uhr, während der Vorbereitung von Sonderausstellungen geschl., 5 Euro, Schüler bis 16 Jahre 50 Cent, www.kunsthalle-emden.de*

Ostfriesisches Landesmuseum mit der Emder Rüstkammer

Im Kassenraum im ersten Stock gibt ein Modell Einblick in die ehemalige Emder Synagoge von 1836, die 1938 von den Nazis in Brand gesteckt wurde. In der ersten und zweiten Etage sind Schiffsmodelle, Gemälde und Dokumente zur ostfriesischen Geschichte sowie Zeugnisse mittelalterlicher Kunst zu sehen; in der zweiten Etage finden Sie eine etwa 2000 Jahre alte Moorleiche. Besonders schön sind sieben farbige Glasfenster aus dem Rathaus des 16. Jhs. Von der Eleganz einstiger ostfriesischer Teezeremonien künden silberne Sahnelöffel und Kluntjeszangen. Eine der größten deutschen Sammlungen von Ritterrüstungen und spätmittelalterlichen Waffen präsentiert die Rüstkammer im dritten Stock. Von dort aus können Sie abschließend den Rathausturm besteigen, der einen weiten Blick über Emden und Umgebung gewährt. *Neutorstr., Tel. 04921/87 20 57, Di–So 10–17 Uhr,*

Da staunen auch kleine Besucher: Expressionisten in der Emder Kunsthalle

3,50 Euro, ab 2003 ist mit Umbauarbeiten zu rechnen

Dat Otto Huus
Ein Ottifant ziert das Haus im Herzen Emdens, in dem der in dieser Stadt geborene Blödelbarde Otto Waalkes außer weiteren Ottifanten auch zahlreiche andere Objekte, Fotos aus seinen Filmen und seiner Jugendzeit präsentiert. Ein Laden voller Ottifanten ist natürlich auch dabei. *Große Str. 1, Tel. 04921/221 21, Anfang Osterferien–Ende Weihnachtsferien Mo–Fr 9.30–18, Sa 9.30–13 (am ersten Sa im Monat bis 14) Uhr, April–Okt. auch So 10 bis 16 Uhr, 2 Euro*

Kein Ostfriesenwitz: Dat Otto Huus in Emden – ein »Blödelmuseum«

ESSEN & TRINKEN

Grand Café am Stadtgarten
Café auf zwei Etagen mit Terrasse und Balkon, das auch preiswerte Pfannkuchen, Burger, Salate und Baguettes serviert. *Am Stadtgarten 7–13, Tel. 04921/288 11, kein Ruhetag,* €

Nautilus
Holländisches Restaurant im Laderaum eines 1912 erbauten, 48 m langen Frachtenseglers. *Am alten Binnenhafen, Tel. 04921/350 69, Mo geschl.,* €–€€

Insider Tipp **Nordseewelle**
Fischgeschäft mit angeschlossenem Imbiss, Plätze drinnen und draußen, die meisten Gerichte unter 6 Euro. *Zwischen beiden Märkten 1, Tel. 04921/290 60, abends und So geschl.,* €

Pelzerhaus
Gepflegtes Restaurant im Erdgeschoss und ersten Stock eines Hauses aus dem 16. Jh., eingerichtet mit typisch Emder Mobiliar. *Pelzerstr. 12, Tel. 04921/253 35, Abends sowie Sa/So geschl.,* €€

EINKAUFEN

Emder Kunst-Laden
Verschiedenartiges Kunsthandwerk aus Ostfriesland, dazu Kulinaria und Bücher bietet der Laden im Ostfriesischen Landesmuseum zu fairen Preisen. *Neutorstr., Öffnungszeiten wie Museum*

Wochenmarkt
Di, Fr und Sa vormittags auf dem Neuen Markt

ÜBERNACHTEN

Haus George
Ruhig in der Fußgängerzone im Herzen der Stadt gelegen; beim Frühstücksbuffet Wurst aus eigener Schlachterei. *12 Zi., Zwischen beiden Sielen 30–32, Tel. 04921/201 59, Fax 207 03,* €€

Parkhotel Upstalsboom
Komfortables Haus am Rand des Stadtzentrums; das teuerste der Stadt. *95 Zi., Friedrich-Ebert-Str.*

73–75, Tel. 04921/82 80, Fax 82 85 99, www.upstalsboom.de, €€€

Insider Tipp **Rathaus-Stübchen**
Gemütliches Gasthaus mit Fahrradkeller und Trockenraum an einer Fußgängerstraße nur eine Minute vom alten Hafen entfernt. *4 Zi., Brückstr. 5, Tel. 04921/331 22, Fax 221 50,* €

AM ABEND

Zentrum des Nachtlebens ist der in der Innenstadt nahe dem alten Hafen gelegene *Neue Markt* mit zahlreichen Kneipen, Restaurants und Diskos.

Madison
Disko im Stadtzentrum mit DJs aus ganz Norddeutschland. *Neuer Markt 20, Do 22–3, Fr 24–5, Sa 22–5, in den Ferien auch Mi 21 bis 2 Uhr*

AUSKUNFT

Verkehrsverein
Postfach 2310, Infopavillon am Stadtgarten, 26703 Emden, Tel. 04921/974 00, Fax 974 09, www.emden-touristik.de

ZIELE IN DER UMGEBUNG

Borkum **[108 A2]**
Borkum liegt weiter vom Festland entfernt als alle anderen Ostfriesischen Inseln und rühmt sich eines echten Hochseeklimas. Vom Hafen fahren Linienbusse, Taxis und die historische Inselbahn ins Zentrum des Inselstädtchens, das nur teilweise autofrei ist. In der Stadt Borkum leben fast alle der 6560 Insulaner, stehen die meisten der mehr

Ostfriesische Teestunde

Mit Wolke und Kluntjes: In Ostfriesland wird das Teetrinken zelebriert

Die Ostfriesen haben das Teetrinken zwar nicht erfunden, aber in besonderer Weise kultiviert. Bedeutender noch als die spezielle ostfriesische Mischung, bei der kräftige Assamsorten dominieren, sind die Zubereitung und die Trinkzeremonie. Die Teeblätter werden in einer dünnwandigen Porzellankanne mit kochend heißem Wasser überbrüht und müssen mindestens drei Minuten ziehen. Dann wird die Kanne auf ein Stövchen gestellt. Zunächst kommen zwei große Stücke Kandiszucker – Kluntjes genannt – in die Tasse, die herrlich knistern, wenn der heiße Tee darüber gegossen wird. Dann hebt man flüssige Sahne mit einem Löffel vorsichtig in die Tasse, rührt sie aber nicht um. Sie muss wie eine Wolke im Tee zerfließen. Der höfliche Gast trinkt mindestens drei Tassen, bevor er wieder aufsteht – und der gute Ostfriese trinkt seinen Tee nach alter Überlieferung mindestens viermal am Tag.

Variationen zum Thema Strandkorb: die bunten Borkumer Strandpavillons

als 18 000 Gästebetten. Vor allem die Bismarck- und die Franz-Habich-Straße laden zum Einkaufs- und Kneipenbummel ein. Romantiker zieht es eher in den Weiler Ostland, in dem die letzten beiden Inselbauern ihre Höfe haben und zwei Cafés auf Gäste warten. Bis hierher fährt auch der Linienbus. Fahrräder für Radtouren kann man direkt im Inselbahnhof ausleihen.

Besonders sehenswert sind im Inselstädtchen der 60 m hohe *Neue Leuchtturm (Strandstr., April bis Okt. tgl. 10–11.30 und 15–17.30 Uhr, Nov.–März Di, Fr, So 15–16.30 Uhr, 1,50 Euro)* und der schon 1576 erbaute *Alte Leuchtturm (Kirchstr., Mo, Mi, Sa 10.30 bis 11.30, Juli–Sept. auch Fr, 1,50 Euro)*. Vom Alten Leuchtturm sind es nur wenige Schritte zum *Walzaun (Wilhelm-Bakker-Str. 3)* aus teilweise 2 m hohen Kinnladen von Walen, den ein Walfänger von der Insel im 18. Jh. errichten ließ. Das nahe *Heimatmuseum Dykhuus (Roelof-Gerritz-Meyer-Str., April bis Okt. Di–So 10–12 und 16–18 Uhr, Nov.–März Di und Sa 15–18 Uhr, 3,10 Euro)* sollte man auf jeden Fall besichtigen.

Gut essen können Sie in den *Delfter Stuben (Bismarckstr. 6, Tel. 04922/20 11, kein Ruhetag, €€€)*; preiswert und gut ist der *Metzger-Grill Wilhelm Rau (Neue Str. 30, Mo–Sa 11–21 Uhr, €)*. Insider Tipp

Borkum erreichen Sie per Autofähre oder Katamaran von Emden aus, der Verkehr ist tidenunabhängig *(Auskunft Tel. 04921/89 07 21, www.ag-ems.de)*.

Leer **[109 E6]**

Die Hafenstadt (33 000 Ew.), die sich selbst als »Tor Ostfrieslands« bezeichnet, liegt am Zusammenfluss von Leda und Ems. Ihre große Altstadt gehört zu den schönsten Niedersachsens. Auffällig ist das große Angebot an originellen, kleinen

Geschäften, Cafés und Restaurants. Wer mit dem Auto kommt, folgt am besten den Wegweisern »Altstadt/Rathaus« und parkt auf dem gebührenfreien Großparkplatz P9. Von hier sind es nur zwei Gehminuten bis zum Alten Hafen. Dort steht mit der barocken *Stadtwaage* von 1714 das schönste Einzelgebäude Leers. Vorbei am markanten, erst 1894 erbauten *Rathaus* gelangen Sie zum Insider Tipp *Samson-Haus (Rathausstr. 18)* von 1643. Die Weinhandlung Wolff im Erdgeschoss destilliert auch ostfriesische Spirituosenspezialitäten, die Sie im Laden erstehen können. In den beiden darüber liegenden Geschossen hat die Familie ein hübsches *Museum ostfriesischer Wohnkultur (Mo–Fr 9–13 und 15–18 Uhr, Eintritt frei)* eingerichtet. Der Besuch wird der privaten Atmosphäre wegen zum besonderen Erlebnis.

Auskunft: *Touristik GmbH Südliches Ostfriesland, Bergmannstr. 27, 26789 Leer, Tel. 0491/666 40, Fax 28 60, www.leer.de; Tourist-Information im Verkehrsbüro Leer, Rathausneubau, Rathausstr. 1*

ESENS

[109 F2] Esens im Harlinger Land ist mit 7000 Ew. die kleinste der sieben ostfriesischen Festlandstädte. Altes und Neues gehen hier eine harmonische Verbindung miteinander ein; die vielen Sehenswürdigkeiten und Museen sind attraktiv genug für einen mindestens halbtägigen Ausflug. Bensersiel ist der zu Esens gehörige Hafen- und Badeort. Er präsentiert sich modern und übersichtlich, ist aber ohne besonderes Flair.

SEHENSWERTES

Bärenskulptur

Die Bronzeskulptur in der Nordwestecke des Kirchplatzes von Esens ist besonders bei Kindern beliebt. Der fast lebensgroße Tanzbär, den man auch im Stadtwappen wiederfindet, war während einer Belagerung von Esens seinem Führer entkommen und auf den Kirchturm gestiegen. Als die Belagerer ihn sahen, zogen sie entmutigt ab:

Die schöne Altstadt von Leer lockt mit Geschäften und Cafés zum Bummeln

Eine belagerte Stadt, die anscheinend noch einen Bären durchfüttern konnte,war wohl nicht so schnell zu bezwingen.

Rathaus
Der klassizistische Bau aus dem 18. Jh., ursprünglich ein Witwenstift für vornehme Damen, birgt kostbare Tapisserien mit phantastischen Natur- und Stadtlandschaften, rührend naiven Tierdarstellungen und der Darstellung eines pastoralen Schäferstündchens. *Am Markt, Besichtigung nur im Rahmen der Führungen durch die St.-Magnus-Kirche, März–Okt. Do 15 Uhr*

St.-Magnus-Kirche
Der weithin sichtbare Bau im Ortszentrum ist mit 1700 Plätzen die größte Kirche Ostfrieslands. Das heutige Gotteshaus wurde zwar erst 1850 geweiht, verwahrt aber mehrere Kunstwerke aus älteren Vorgängerkirchen. Besonders schön ist der 1714 entstandene Altar, den ein hoher, geschnitzter Weinstock als Symbol des ewigen Lebens ziert – in Anspielung auf die Worte im Johannesevangelium (»Ich bin der Weinstock, ihr seyd die Reben«). *Kirchplatz, Kirche März–Okt. Di–Fr 10–11.30 und 14.30–16 Uhr, Kirchenführung Do 15 Uhr, Turmmuseum April–Sept. So 11–12 Uhr, Spende erbeten*

MUSEEN

August-Gottschalk-Haus
Das kleine Museum erinnert an die Geschichte der Juden der Stadt. Zu Beginn der Nazizeit lebten noch 85 in Esens, die Hälfte von ihnen kam in den Vernichtungslagern der Faschisten um. *Burgstr. 8, Tel. 04971/ 23 06, April–Okt. Di, Do, So 15 bis 18 Uhr, 1,50 Euro*

Bernsteinmuseum
Bernsteinexperte Siegfried von Esmarch, der selbst Schmuck aus Bernstein herstellt, präsentiert auf zwei Etagen edle Stücke, informiert aber auch über Entstehung, Gewinnung und Bearbeitung von Bernstein. *Herdestr. 14, Tel. 04971/ 22 78, Mo–Fr 9.30–13 und 14.30 bis 18, Sa 9.30–13 Uhr, 1,50 Euro, keine Kinderermäßigung*

Holarium Insider Tipp
Mehr als 200 Hologramme zum Anschauen und allerlei Hologramme zum Kaufen. *Kirchplatz 2, Tel. 04489/51 98, www.holarium.de, April–Okt. tgl. 10–13 und 14–18 Uhr, 2,50 Euro*

Museum Leben am Meer
In der 150 Jahre alten Peldemühle wird die Siedlungsgeschichte Esens' und des Harlingerlandes dokumentiert. Spektakulärstes Objekt ist ein im Watt gefundenes Frauenskelett, von den Einheimischen liebevoll Bensi getauft. Besondere Attraktionen sind außerdem eine historische Uhrmacherwerkstatt und ein Fliesenzimmer mit über 1000 alten Kacheln. *Walpurgisstr., Tel. 04971/ 52 32, Ende März–Okt. Di–So 10 bis 12 und 14–17 Uhr, Führungen Mi und Sa 15 Uhr, 2 Euro*

ESSEN & TRINKEN

Stadt-Schkür Insider Tipp
In dem liebevoll eingerichteten, 1851 als städtischer Viehstall erbauten, scheunenartigen Gebäude wird Tee nicht nur serviert, sondern

auch erklärt. *Stadtschkür-Pad, beim Rathaus, Tel. 04971/23 14, Nov. bis Feb. Mo–Fr geschl., sonst kein Ruhetag, €€*

Waterkant

Das Café und Restaurant in Bensersiel mit Aussichtsterrasse am Sieltor serviert gute Omeletts, Nudelgerichte, Kartoffelaufläufe sowie hausgemachte Suppen. *Am Hafen 4, Bensersiel, Tel. 04971/78 73, außerhalb der Schulferien Mo, z. T. auch Di geschl., €€*

EINKAUFEN

Enno von Felde Schmuckdesign

Ladenatelier für sehr individuellen Schmuck aus Silber, Gold und Platin. *Steinstr. 28, Mi-Nachmittag geschl.*

Ostfriesisches Teehaus

Große Auswahl verschiedener Teesorten, Teeporzellan und Zubehör. *Steinstr. 16*

ÜBERNACHTEN

Krögers

Modernes Hotel mit vier Kegelbahnen (für Hotelgäste kostenlos) und Fitnessclub. *35 Zi., Bahnhofstr. 18, Tel. 04971/30 65, Fax 42 65, www.kroegers-hotel.de, €€€*

Vier Jahreszeiten am Yachthafen

2002 eröffnetes Hotel mit Sauna, Dampfbad und Dachgarten mit Inselblick. *19 Zi., Hauptstr. 19, Bensersiel, Tel. 04971/925 10, Fax 92 66 19, www.hotel-4jahreszeiten.com, €€€*

Wieting's

Stilvolles Hotel mit sehr gutem Service direkt am verkehrsberuhigten Marktplatz. Nichtraucherzimmer, Sauna, Solarium, Garten mit Liegewiese, Abholservice vom Bahnhof. Kinder bis zwölf Jahre wohnen hier kostenlos und haben freien Eintritt in die Nordseetherme. *18 Zi., Am Markt 7, Tel. 04971/45 68, Fax 41 51, €€*

AM ABEND

Captain's

Tanzlokal am Meer. *Am Strand 3, Bensersiel, tgl. 20–2 Uhr*

Whisky à gogo

Diskothek. *Herrenwall 2, Fr/Sa ab 21 Uhr, bis 23 Uhr freier Eintritt*

AUSKUNFT

Kurverwaltung Esens-Bensersiel

Kirchplatz, 26427 Esens, Tel. 04971/91 50, Fax 49 88, www.bensersiel.de

ZIEL IN DER UMGEBUNG

Langeoog **[109 F1]**

Langeoog (2100 Ew.) zeichnet sich durch eine abwechslungsreiche Busch- und Waldlandschaft aus. Für die Fahrt vom Hafen ins Inselstädtchen braucht die farbenfrohe Inselbahn nur sechs Minuten; Fahrräder können gleich gegenüber vom Bahnhof gemietet werden. Auffällig breit ist auf Langeoog der Dünengürtel zwischen Dorf und Badestrand, über den sich die 1500 m lange Höhenpromenade als reiner Fußgängerweg zieht. Die höchste aller Dünen ist die über 21 m hohe Melkhörndüne – für ostfriesische Verhältnisse ein wahrer Aussichtsberg! Besonders sehenswert ist der Dünenfriedhof mit dem Grab der Sängerin Lale Andersen (»Lili Marlen«), deren Wahlheimat die Insel war. Das *Schifffahrtsmuseum (Mo–Do 10–12 und 15–17, Fr/Sa 10–12 Uhr, 1,50 Euro)* im Haus der Insel mit Nordseeaquarium präsentiert u. a. zahlreiche Schiffsmodelle, Buddelschiffe und eine Sammlung künstlerisch gravierter Walzähne. Die *Evangelische Kirche (Kirchstr., tagsüber geöffnet)* schmückt ein surrealistisches Altarbild von Hermann Buß.

Schön ist die 2 km lange Wanderung durch das 300 m breite Pirolatal zwischen den Dünen. Ziel einer Radwanderung könnte die *Meierei (Mi–Mo 10.30–17.30 Uhr, €)* sein, ein Ausflugslokal im Inselosten. Gut essen können Sie im *Sonnenhof (Gerk-sin-Spoor 6, Tel. 04972/713, kein Ruhetag, €€)*, dem ehemaligen Wohnhaus Lale Andersens. Die Schiffe nach Langeoog sind nicht tidenabhängig; sie fahren ab Bensersiel *(Auskunft Tel. 04971/928 90)*.

GREETSIEL

[108 C3] Das über 600 Jahre alte Greetsiel (1500 Ew.), Hauptort der Landschaft Krummhörn mit 19 Dörfern, ist die Perle unter den ostfriesischen Sielhafenorten. Mit 27 hier beheimateten Krabbenkuttern ist das Städtchen sehr geschäftig; zugleich sorgen historische Häuserzeilen aus dem 17. und 18. Jh., mit Ziegelsteinen gepflasterte, fast autofreie Straßen, interessante Läden und niveauvolle Restaurants aber auch für romantische Urlaubsatmosphäre. Auf den Wasserläufen, die ins Hinterland führen, können Sie Tretboot und Kanu fahren.

SEHENSWERTES

Kanalfahrten
Etwa einstündige Fahrten über Tiefs und Kanäle der Krummhörn mit qualifizierten Erklärungen. *Ostern–Okt. tgl. 10.30, 11.30 und 12.30 Uhr ab Zwillingsmühle, Tel. 04926/763*

Naturkundliche Wanderungen
Mitarbeiter des Nationalparkhauses bieten individuelle Wanderungen und Fahrradtouren an: durch das Naturschutzgebiet Leyhörn, durchs Watt, über die Salzwiesen oder zur Vogelbeobachtung. *Mo 15 und Do 10.30 Uhr, Tel. 04926/20 41*

Zwillingsmühlen
Zwei zweistöckige Galerieholländer aus dem 18. und 19. Jh., die eine rot, die andere grün, stehen am

Im Krabbenkutterstädtchen Greetsiel kommen die kleinen Krebse kulinarisch ganz groß raus

grünen Ufer des Neuen Greetsieler Tiefs. Die eine wird heute als *Teestube* genutzt *(tgl. 13–18 Uhr)*, die andere als *Museumsmühle (Tel. 04926/890, Ostern–Okt. Mo–Sa 8 bis 18, im Winter bis 16.30, So 12 bis 18 Uhr, einstündige Führungen Mi und Sa 14 Uhr, 1 Euro)*.

MUSEEN

Buddelschiffmuseum
Über 500 Buddelschiffe aus aller Welt. *Mühlenstr. 23, Tel. 04926/918 50, Feb.–Dez. tgl. 10.30 bis 17.30 Uhr, 2,50 Euro*

Poppinga's Alte Bäckerei
Bäckereimuseum, Teestube und Kunstgalerie am Hafen. *Sielstr. 21, Tel. 04926/13 93, Ostern–Okt. tgl. 11–19 Uhr, Nov.–Ostern nur Sa/So, Eintritt frei*

ESSEN & TRINKEN

Sielgatt
Durchgehend geöffnetes Restaurant in zwei der ältesten Häuser mit vielen Tischen auf dem Marktplatz. Umfangreiche Speisekarte mit Deichlamm und vielen Matjesvariationen. *Am Markt 4–6, Tel. 04926/369, kein Ruhetag, €€*

Witthus
★ Eins der besten Restaurants Ostfrieslands. Von Aalrauchmatjes und mit Aquavitsahne verfeinerter Krabbensuppe bis zu Lamm- und Entenfilets auf Thymian-Steinpilz-Sauce reicht das Angebot. Monatlich wechselnde Saisonkarte: im Mai z. B. mit Schollen, im November mit Grünkohl und im Dezember mit Wild. *Kattrepel 5–9, Tel. 04926/920 00, Do geschl., www.witthus.de, €€€*

EINKAUFEN

Kunst & Antiquitäten Korth
Von Porzellan und Gläsern bis hin zu Fischermöbeln. *Mühlenstr. 14, Mo/Mi/Do/Fr 14.30–18, Sa 11 bis 13 und 14.40–17, So 14.30–17 Uhr*

Skipswinkel
Maritimes, vom Fischernetz bis zu Seekarten. *Am Hafen 1*

Turmalin Schmuckwerkstatt
Preiswert, originell und im Laden selbst hergestellte Stücke. *Sielstr. 1*

ÜBERNACHTEN

Zum Alten Siel Insider Tipp
Zentral am Markt und Hafen gelegen. Am schönsten: Zimmer 2 mit vier Fenstern zum Hafen. *8 Zi., Am Markt 1, Tel. 04926/339, Fax 23 78, www.zum-alten-siel.de, €*

Hohes Haus
Hotel in historischen Mauern nahe dem Hafen. *33 Zi., Hohe Str. 1, Tel. 04926/18 10, Fax 181 99, www.hoheshaus.de, €€€*

AM ABEND

Hafenkieker Insider Tipp
Urige Kneipe direkt am Kutterhafen, in der die Fischer ihren Stammtisch haben. 24 Plätze auf der Terrasse, 45 drinnen. *Am Hafen 1, kein Ruhetag*

AUSKUNFT

Touristik GmbH Krummhörn-Greetsiel
Zur Hauener Hooge 15, 26736 Greetsiel, Tel. 04926/918 80, Fax 20 29, www.greetsiel.de

ZIELE IN DER UMGEBUNG

Campen **[108 C4]**
Unmittelbar an der Landstraße, die Campen streift, illustriert das *Ostfriesische Landwirtschaftsmuseum (Tel. 04927/12 82, Mitte Mai–Mitte Okt. Di–Fr 10–13 und 14–17 Uhr, Sa/So 14–17 Uhr, 2,10 Euro)* mit etwa 500 alten Geräten die Landwirtschaftstechnik der Dreißiger- bis Fünfzigerjahre. Am Museum zweigt eine Stichstraße zum *Campener Leuchtturm* von 1892 ab, in dem 320 Stufen zu einer Aussichtsplattform hinaufführen *(Tel. 04926/91 88 19, Ostern bis Okt. Di, Mi, Fr, Sa 14–16, So 10 bis 12 und 14–16 Uhr, 1,50 Euro).*

Rysum **[108 C4–5]**
★ Das schönste Warfendorf der Krummhörn träumt noch immer abseits des Massentourismus vor sich hin. Stille liegt in den schmalen Gassen. Dass Rysum ein kreisrundes Dorf ist, erkennt man nur, wenn man es auf der Äußeren Ringstraße umrundet, die am Wegweiser zum Parkplatz und zum Landgasthaus Rysumer Plaats beginnt. Im Dorf stehen eine 1989 wieder aufgebaute *Windmühle (Schlüssel im Mühlenhaus nebenan)* mit intaktem Mahlwerk und eine *Kirche* aus dem 15. Jh., deren Orgel von 1457 als älteste noch bespielbare der Welt gilt.

NORDEN UND NORDDEICH

[109 D2] Norden (26 000 Ew.) ist Ostfrieslands älteste Stadt. Als Ausflugsziel ist sie wegen ihrer Museen und historischen Bauten einen Besuch wert. Der zu Norden gehörende, knapp 5 km nordwestlich gelegene Küstenort Norddeich ist der geschäftigste Fährhafen Ostfrieslands. Neubauten prägen das Bild, darunter viele Kurkliniken.

Von der Windmühle in Rysum geht der Blick weit über die Krummhörn

SEHENSWERTES

Deichmühle

Der vierstöckige Galerieholländer aus dem Jahr 1900 ist 28 m hoch; die mächtigen Flügel haben einen Durchmesser von fast 23 m. *Norden, Bahnhofsstr. 1, Tel. 04931/123 39, während der Sommerferien Mo–Fr 10–12 und 15–17 Uhr, 2 Euro, Kinder 25 Cent*

St.-Ludgeri-Kirche

Ostfrieslands größte mittelalterliche Kirche besteht aus einem romanischen Langhaus aus dem 13. Jh. und einem hoch aufragenden gotischen Chor aus dem 15. Jh. Ein akustischer Genuss ist der Klang der restaurierten Arp-Schnitger-Orgel aus dem 17. Jh. *Norden, Am Markt, Mo–Sa 10–12.30, Di–Fr auch 15–17 Uhr, Führungen Di und Do 16 Uhr, Gottesdienst So 10 Uhr*

Schöninghsches Haus

Schönstes Haus der Stadt ist das 1576 im Stil der Renaissance errichtete, vierstöckige Patrizierhaus mit seinem reich geschmückten Staffelgiebel. *Norden, Osterstr. 5*

Seehundaufzucht- und -forschungsstation im Nationalparkhaus

★ Jedes Jahr werden hier zwischen 20 und 50 mutterlos aufgefundene Seehundbabys oder kranke Seehunde so lange gepflegt, bis sie wieder ausgewildert werden können. Wenn nötig, versorgt man hier aber auch verletzte Delphine und Kleinwale. Besucher können die Tiere durch Glasscheiben aus nächster Nähe beobachten und zwei- bis dreimal täglich bei den Fütterungen zusehen. Interessant ist auch das Nationalparkhaus mit seiner großen Sammlung ausgestopfter Vögel. *Norddeich, Dörper Weg 22, Tel. 04931/89 19, tgl. 10–17 Uhr, 2 Euro, www.seehundstation-norddeich.de*

Westgaster Mühle

Der dreistöckige Galerieholländer aus dem Jahr 1863 ist noch voll funktionstüchtig: Von Juli bis September wird donnerstags von 15 bis 17 Uhr Korn gemahlen. Angegliedert sind eine Teestube und ein Landladen. *Norden, Alleestr. 65, Mo–Fr 10–12.30 und 15–18 Uhr, Eintritt frei*

MUSEEN

Maritim Museum

Zu sehen sind detailgetreue Modelle vieler Krabbenkutter und anderer Schiffe sowie mehrere Buddelschiffe. Einige können auch gekauft werden. *Norddeich, Backersweg 2, Tel. 04931/87 50, Mitte Mai–Mitte Okt. Mo–Do 14.30–18 Uhr, 1,50 Euro*

Muschel- und Schneckenmuseum in der Frisia-Mühle

Das Museum im zweiten Stock der Mühle zeigt 800 Muscheln und Schnecken aus aller Welt, darunter eine australische Mördermuschel, die bis zu 1,50 m groß und 500 kg schwer werden kann. *Norden, In der Gnurre 40, Tel. 04931/126 15, Oster- bis Herbstferien Di–Fr 14.30 bis 18 Uhr, 1,50 Euro*

Norder Heimatmuseum und Ostfriesisches Teemuseum

★ Gleich zwei interessante Museen sind im historischen Rathaus der Stadt aus der Mitte des 16. Jhs. untergebracht. Das Heimatmuseum illustriert Handel, Handwerk und

Norder Wohnkultur im 18. und 19. Jh. Im Teemuseum dreht sich alles um das Nationalgetränk der Ostfriesen vom Anbau in fernen Ländern über den ostfriesischen Teehandel bis hin zu Teegeschirr und -gerätschaften. Im Juni, Juli und August können Besucher jeden Mittwoch an einer ostfriesischen Teezeremonie teilnehmen. *Norden, Am Markt 36, Tel. 04931/121 00, März–Okt. Di–So 10–16 Uhr, 2,50 Euro, Teezeremonie auf Anfrage*

ESSEN & TRINKEN

Krabbenkutter
Fischgeschäft mit Stehimbiss, frische Krabben aus eigenem Fang. *Norddeich, Muschelweg 3, tgl. 9 bis 18.30 Uhr, €*

Norddeich
Angesichts des wenig ausgefallenen kulinarischen Angebots in Norddeich ein Lichtblick. Große Auswahl, auch jugoslawische Spezialitäten. *Norddeich, Fluthörn 2/Ecke Muschelweg, Tel. 04931/812 00, kein Ruhetag, €€*

Utkiek
Einfaches und preiswertes Essen, großartiger Ausblick auf Hafen und Wattenmeer. Durchgehend warme Küche. *Norddeich, Badestr. 1 (auf dem Deich), Tel. 04931/80 62, kein Ruhetag, €*

EINKAUFEN

Insider Tipp
Das Kontor – Weine, Kochen & Mehr
Mehrfach ausgezeichnete Weinhandlung und Verkauf hochwertiger Küchenartikel. *Norden, Großneustr. 9*

Kunst und Handwerk Angie Schneider
Glasbilder und Schmuck aus eigener Werkstatt, blauweiße Keramik und Bienennaturkosmetik. *Norden, Eselspfad 1, Mo–Fr 15–18, Sa 10–13 Uhr*

ÜBERNACHTEN

Zur Post
Insider Tipp
Über 200 Jahre altes Hotel mit Gaststätte, zentral neben dem Postamt gelegen. Privatparkplatz. *Norden, 13 Zi., Am Markt 3, Tel. 04931/27 87, Fax 16 87 28, www.hotel-zur-post-norden.de, €€*

Regina Maris
Modernes Hotel im Kurzentrum mit Zimmern für bis zu vier Personen. Kleines Hallenbad, Sauna, Solarium und Restaurant, das auch Diätküche bietet. *62 Zi., Norddeich, Badestr. 7c, Tel. 04931/189 30, Fax 18 93 75, €€€*

Reinders' Hotel
Modernes Hotel mit Liegewiese und Sonnenterrasse unmittelbar hinterm Deich. *20 Zi., Norddeich, Deichstr. 16, Tel. 04931/940 00, Fax 94 00 50, www.reinders-hotel.de, €€*

Residenz am Deich
Modernes Apartmenthaus mit individuell eingerichteten Wohnungen. Wohnungen im obersten Geschoss mit Meerblick. *16 Apartments, Norddeich, Badestr. 8, Tel. 04932/92 73 70, Fax 92 91 49, anke.orkes-fritsching@t-online.de, €€*

AM ABEND

Meta's Musikschuppen
Kultdisko seit über 40 Jahren unmittelbar hinter dem Deich. *Deich-*

str. 10, Fr/Sa ab 22 Uhr, während der Sommerferien auch Mi und So

AUSKUNFT

Kurverwaltung Norden-Norddeich
Postfach 1165, Dörper Weg 22, 26501 Norden-Norddeich, Tel. 04931/98 62 00, Fax 98 62 90, www.norden-norddeich.de

ZIELE IN DER UMGEBUNG

Berum **[109 D–E2]**
Romantiker wohnen gut und komfortabel in den großen Ferienwohnungen in der schon im 14. Jh. gegründeten Insider Tipp *Wasserburg Berum,* die noch immer in Privatbesitz ist und daher nicht besichtigt werden kann. *Burgstr., Tel. 04931/77 55, Fax 77 54, www.burgberum.de, €€*

Juist **[108 B–C1]**
Nach Juist (1700 Ew.) kann man nur an wenigen Tagen im Monat Tagesausflüge unternehmen, da die Fähren hier besonders tidenabhängig sind und oft nur einmal täglich verkehren. Auch sonst steckt Juist voller Besonderheiten: Die Insel ist mit 500 m extrem schmal, aber mit 17 km die längste aller Ostfriesischen Inseln. Auf keiner anderen Insel sind Pferdekutschen für den Verkehr wichtiger.

Auf der Insel gibt es zwei Dörfer: den Hauptort in der Inselmitte und das weiter westlich gelegene Loog. Westlich davon liegt mit dem Hammersee der größte Süßwassersee der Ostfriesischen Inseln. Ein Rundgang vom Hauptdorf um den See und wieder zurück dauert etwa eine Stunde. Das große *Küstenmuseum (Loogster Pad, Tel. 04935/14 88, Mo–Fr 9–13 und 14.30–17, Sa 9–12 Uhr, 2,50 Euro)* illustriert die Inselgeschichte, informiert über Erdöl- und Erdgasbohrungen in der Nordsee und zeigt mit der »Friesenstube«, wie man im 19. Jh. auf der Insel wohnte.

Besonders gut essen können Sie im Restaurant *Gabeljürge (Gräfin-Theda-Str. 3, Tel. 04935/10 07, kein Ruhetag, €€€).* Das schöne Ausflugslokal *Wilhelmshöhe* liegt auf einer Düne im Osten der Insel *(Flugplatzstr. 21, Tel. 04935/249, Sept.–Juni Di geschl., €).* Inselkeramik wird in der *Inseltöpferei (Gräfin-Theda-Str.)* und dem *Keramik-Atelier im Loog (Loogster Pad)* hergestellt.

Abfahrtshafen nach Juist ist Norddeich-Mole. Der Fahrplan ist stark tidenabhängig *(Auskunft Tel. 04931/98 70).*

Marienhafe **[109 D3]**
Im ersten Stockwerk des ehemals 70 m hohen Kirchturms von Marienhafe soll der berüchtigte Seeräuber Klaus Störtebeker zwischen 1396 und 1400 gehaust haben. Heute ist in dem mächtigen Backsteinturm ein Museum eingerichtet, das Überreste eines einst 250 m langen Sandsteinfrieses birgt. Der Fries zeigt biblische Szenen, Fabelwesen und Spottfiguren. Eine Wendeltreppe führt von dort auf eine Aussichtsplattform hinauf. *Am Markt, Mo–Sa 10–12 und 14–17, So 14–17 Uhr, 1,05 Euro*

Museumseisenbahn Küstenbahn Ostfriesland
Auf der 17 km langen Strecke von Norden nach Dornum ziehen historische Diesel- und Dampfloks alte Waggons. Für Bewirtung ist ge-

sorgt, Fahrräder können mitgenommen werden. Von Juni bis Mitte Oktober jeden Sonntag vier Fahrten pro Richtung, außerdem Fahrten zu Ostern, am 1. Mai und an Himmelfahrt. *MOK, Norddeicher Str. 82a, 26506 Norden, Tel. 04931/ 16 90 30, Fax 16 90 65, www.mkoev.de*

Norderney **[109 D–E1]**

Norderney (6470 Ew.) galt lange als die vornehmste aller sieben Ostfriesischen Inseln. Aus der goldenen Gründerzeit im 19. Jh., als die Insel Sommerresidenz des Hannoveraner Königs war, stammen noch das Kurhaus von 1840, das Kurtheater von 1890 und das 1837/38 gegründete Kurhotel. Heute ist es die lebhafteste der Inseln.

Den schönsten Blick über Stadt und Insel genießen Sie von der *Aussichtsdüne Georgshöhe* an der Strandpromenade oder vom *Leuchtturm (Mai–15. Okt. tgl. 14–16 Uhr, 1 Euro)* am Flughafen aus. Sehr sehenswert ist das einem Vorbild aus der Zeit um 1800 nachgebaute *Alt-Norderneyer Fischerhaus*, das das *Heimatmuseum* beherbergt *(Im Argonnerwäldchen, Tel. 04932/17 91, Di, Do, Sa 15 bis 17 Uhr, während der Sommerferien länger, 1 Euro)*. Eine einstündige Wanderung führt auf dem Deich einmal rund um den Südstrandpolder, in dem etwa 40 verschiedene Vogelarten brüten.

Zumindest einen Tee sollten Sie im *Caférestaurant Marienhöhe (Mo geschl., Tel. 04932/686, €)* an der Strandpromenade genießen, einem originellen Kuppelbau mit zarten Deckenmalereien und phantastischem Meerblick. Stimmungsvoll ist auch das Restaurant *Zur Mühle (Mi geschl., Tel. 04932/20 06, €€)* in der einzigen historischen Windmühle der Ostfriesischen Inseln.

Abfahrtshafen nach Norderney ist Norddeich-Mole, der Fahrplan ist tidenunabhängig *(Auskunft Tel. 04931/98 70)*.

Im Hafen Norddeich-Mole legen die Fähren nach Juist und Norderney ab

OCEAN

Herbes Bier und große Pötte

Abseits der »Metropolen« Jever und Wilhelmshaven finden Sie noch echte Ländlichkeit

Die Region rund um den Jadebusen steckt voller Gegensätze: Während in Wilhelmshaven der Tourismus boomt, geht es in Butjadingen noch ausgesprochen beschaulich zu. Im Schloss der Bierstadt Jever wird die ganze Verworrenheit der (ost-)friesischen Geschichte deutlich, in deren Verlauf die Stadt nicht nur zu Friesland und Oldenburg, sondern auch zu Anhalt-Zerbst und für jeweils kurze Zeit sogar zu Dänemark, zu Frankreich und zu Russland gehörte.

Wilhelmshaven hingegen ist eine Neugründung König Friedrich Wilhelms IV. von Preußen. Während Wilhelmshaven zu einem wichtigen Marinestützpunkt wurde, heute Deutschlands größter Ölhafen ist und große Pläne für die städtische Zukunft hat, ist das Jeverland ganz ländlich geblieben.

Bäuerliches Butjadingen: ideale Gegend für eine zünftige »Landsafari«

BUTJADINGEN

[111 D–E5] Zwischen Jadebusen und Wesermündung liegt die Halbinsel Butjadingen. Als der Jadebusen zwischen 1334 und 1511 durch mächtige Sturmfluten entstand und bis zur Weser vordrang, machte er das Butjadinger Land zur Insel. Erst durch Eindeichungen stellten seine Bewohner im 16. Jh. wieder eine Verbindung zum südlich gelegenen Stadland her. Die Dörfer auf der Halbinsel bilden heute die Gemeinde Butjadingen. Im übrigen Deutschland ist diese noch sehr ländlich geprägte Ferienregion bisher kaum bekannt.

Im Hafen von Dangast: frische Krabben direkt vom Kutter

SEHENSWERTES

Eckwarderhörne

Das zu Eckwarden gehörende Dorf lohnt einen kurzen Besuch, weil Sie hier von der Strandhalle auf dem Deich aus bei klarer Sicht sehr schön den ganzen Jadebusen überblicken können.

Im schönsten Hafen von Butjadingen: Krabbenkutter in Fedderwardersiel

Fedderwardersiel

In Butjadingens schönstem Hafen liegen heute noch etwa zehn Krabbenkutter, die bei gutem Wetter bis zur nordfriesischen Insel Amrum fahren, um frischen Granat aus dem Meer zu holen. Die Südseite des Hafens säumen mehrere kleine, alte Gebäude aus dem 19. Jh., als Fedderwardersiel noch ein bedeutender Handelshafen war. Von hier aus startet im Sommer der kleine *Dampfer Wega II (Kapitän Elmar Hüttenmeister, Burhave, Tel. 04733/513 und 0172/411 79 02, Fax 04733/92 03 05)* zu Ausflugsfahrten zu den Seehundsbänken oder nach Bremerhaven.

Insider Tipp **Hof Iggewarden**

Bauer Reinhard Evers und seine Frau Susanne haben ihren Hof umgestellt: von Schweinehaltung auf Erlebnisbauernhof mit Caférestaurant (€), Bernsteintruhe und Hofladen. Montagnachmittags veranstalten sie Landsafaris, bei denen es mit Trecker und Wagen über Weiden und Kornfelder geht. Ein lustiges Hofknechtdiplom kann man ebenfalls montags ab 15 Uhr erwerben. Mittwochnachmittags führen sie Besucher über den Hof und lassen sie auf Ponys reiten. *Zufahrt von der Straße Burhave–Langwarden, Tel. 04733/317, Mi–Mo 12–20 Uhr* Insider Tipp

MUSEUM

Nationalparkhaus Museum Butjadingen

Das Museum in zwei historischen Häusern am Hafen von Fedderwardersiel vermittelt auf zwei Etagen Wissenswertes über die Ortsgeschichte, die Halbinsel Butjadingen, den Krabbenfang und das Wattenmeer. Ein Gezeitenmodell veranschaulicht die Entstehung und den Verlauf von Ebbe und Flut; ein anderes Modell erklärt die Entwässerung des Butjadinger Landes, das ja stellenweise unter dem Meeresspiegel liegt. *Fedderwardersiel, Am Hafen 4, Tel. 04733/85 17, 15. März bis Okt. tgl. 10–18 Uhr, Nov.–14. März Di–So 10–18 Uhr, 2 Euro*

ESSEN & TRINKEN

Nordseeblick
Restaurant und Café direkt am Hafen, fangfrischer Fisch und Krabben von Fedderwarder Kuttern. *Fedderwardersiel, Am Hafen 14, Tel. 04733/10 21, kein Ruhetag, €€*

Insider Tipp
Zum Rauchfang
Gepflegtes, rustikal eingerichtetes Restaurant mit mehreren Gasträumen. Durchgehend warme Küche. Spezialität des Hauses ist Schwenkbraten vom Schwein, der ab 17 Uhr (sonntags ab 12 Uhr) im offenen Kamin gegrillt wird. *Sillens, Tel. 04733/717, Mo geschl., €–€€*

EINKAUFEN

Galerie am Wehldamm
Zeitgenössische Künstler präsentieren hier ihre Arbeiten: Aquarelle, Skulpturen, Keramik und Computergrafiken zum Beispiel. *Ruhwarden, Sonnenstr. 1, Tel. 04736/598, Mi–So 15–18 Uhr*

ÜBERNACHTEN

Altes Hafenmeisterhaus
Insider Tipp
Drei modern eingerichtete Ferienwohnungen mit 40 bzw. 70 m² Wohnfläche in einem historischen Haus direkt am Sielhafen. *Fedderwardersiel, Am Hafen 10, Tel. 04733/13 67, Tel./Fax 0751/935 88, www.hafenmeisterhaus.w-4.de, €–€€*

Feriendorf Eckwarderhörne
Feriendorf gleich hinter dem Deich in sehr ländlicher Umgebung. Durch viele verschiedene Haustypen wirkt es nicht so monoton wie viele andere Feriendörfer. Auf 45–75 m² finden vier bis sechs Personen Platz, die Mietpreise pro Woche liegen je nach Wohnungsgröße und Saison zwischen 150 und 639 Euro. *Eckwarderhörne, Tel. 04736/92 00 70, Fax 92 00 91, www.ferienhaeuser.de*

MARCO POLO Highlights »Friesland, Jadebusen, Butjadingen«

★ **Oceanis in Wilhelmshaven**
Das virtuelle Erlebnis der Unterwasserwelt (Seite 64)

★ **Seglerheim am Nassauhafen in Wilhelmshaven**
Preiswert Fisch essen und nebenbei Yachten bewundern (Seite 66)

★ **Jever-Brauerei**
Brauereibesichtigung mit Bier und Brezel (Seite 61)

★ **Deutsches Marinemuseum in Wilhelmshaven**
Ein U-Boot und ein Minenjagdboot der Bundesmarine besichtigen (Seite 65)

Upstalsboom Nordsee Tropen Parc
Das mit Abstand größte Bettenangebot in Butjadingen. Gäste haben die Wahl zwischen 76 Hotelzimmern, 144 Studios und 256 Bungalows – Einsamkeit ist da nicht angesagt. Für Unterhaltung sorgen mehrere Restaurants und Bars, ein großes, überwiegend sportlich ausgerichtetes Animationsprogramm, das 4000 m² große subtropische Badeparadies und eine Diskothek. *Tossens, Strandallee 36 a, Tel. 04736/92 80, Fax 928 94 28, www.upstalsboom.de, €€–€€€*

AM ABEND

Strandhallenrondell
Disko in Burhave für Junge und jung Gebliebene. *Juli/Aug. Mi und Sa, Programmauskünfte Tel. 04733/ 12 26*

AUSKUNFT

Butjadingen Kur und Touristik GmbH
Strandallee 61, 26969 Burhave, Tel. 04733/929 30, Fax 92 93 99, www.nordsee-urlaub.de/butjadingen

ZIELE IN DER UMGEBUNG

Blexen [111 F5–6]
Blexen, durch eine Autofähre mit Bremerhaven verbunden, ist heute ein Ortsteil von Nordenham. Für Kunstfreunde lohnt ein Besuch wegen der Kirche *St. Hippolyt (Deichstr., Tel. 04731/370 10, meist tagsüber geöffnet)*, deren älteste Teile aus dem 12. Jh. stammen. Besonders beachtenswert sind die Kanzel von 1638, die Orgel- und die Nordempore mit zahlreichen figürlichen Malereien sowie der 1642 aus Sandstein gemeißelte Taufstein.

Boßeln und Klootschießen

Volkssport an der niedersächsischen Nordsee: eine Art ostfriesisches Boule

Kleine Landstraßen zwischen Weser und Ems sind nicht nur für Autofahrer da: Dort darf auch geboßelt werden. Dabei spielen zwei Mannschaften gegeneinander, die meist aus fünf bis 15 Spielern bestehen. Es geht darum, eine Holz- oder Gummikugel von etwa 10 cm Durchmesser aus vollem Lauf die Straße entlangzuwerfen. Sieger ist das Team, das nach einer vorher festgelegten Zahl von Durchgängen die größte Strecke zurückgelegt hat. Meist dauert der Wettbewerb zwei bis drei Stunden und führt über 5 bis 10 km. Zum Abschluss sitzt man im Winter meist beim Grünkohlessen zusammen. Beim Klootschießen, das meist auf gefrorenen Feldern gespielt wird, wird eine bleigefüllte, 475 g schwere Holzkugel von einem mobilen Absprungbrett mit Anlauf durch die Luft geschleudert. Auch hier geht es um die zurückgelegte Gesamtwurfstrecke.

Moorseer Mühle **[111 E6]**
In der letzten funktionstüchtigen Windmühle der Wesermarsch, einem dreistöckigen Galerieholländer von 1904 (mit Unterbau von 1840) bei Abbehausen, erfahren Sie allerlei über das Müllerhandwerk. Besonders attraktiv ist ein Besuch am Mittwoch (von Mitte Mai bis Ende August auch am Dienstag) zwischen 11 und 13 Uhr, wenn auf dem Mühlengelände Backtag ist. *Moorsee, Tel. 04731/889 83, Ende März–Okt. Di–So 10–17 Uhr, Winteröffnungszeiten tel. erfragen unter 04731/888 31, 2 Euro*

Rodenkirchen **[115 F2]**
Die kleine Gemeinde birgt in ihrer Kirche *St. Matthäus (Tel. 04732/83 93, Mo–Do 9–16 Uhr, Spende erbeten)* einen großen kunsthistorischen Schatz: eine Kanzel und ein Altaraufsatz, die zu den Meisterwerken des Holzschnitzers Ludwig Münstermann zählen. Insider Tipp Seine Darstellung des Abendmahls in der Schauwand des Altars wird durch die illusionistische Räumlichkeit auch weniger Kunstinteressierte faszinieren.

HOOKSIEL

[111 C4] Hooksiel (1800 Ew.) ist der schönste Hafenort am Jadebusen und wartet mit einem besonders umfangreichen Sportangebot auf. Die alten Häuser im Kern des schon im 16. Jh. gegründeten Ortes wurden in den Achtzigerjahren des 19. Jhs. ansprechend saniert; am Alten Hafen stehen noch drei große, früher als Getreidespeicher genutzte Packhäuser von 1827.

Zwischen dem Alten Hafen und dem Jadebusen ist durch Eindeichungen und den Bau einer neuen Schleuse 1974 ein einem Binnensee gleichendes Binnentief entstanden, das etwa 60 ha große Hooksmeer. Auf der Seeseite des hakenartigen Landstreifens, der das Binnentief vom offenen Meer trennt, liegen die sandigen Badestrände von Hooksiel, wo es auch einen FKK-Bereich gibt.

SEHENSWERTES

Mudderboot
Am Südufer des Alten Hafens liegt ein 1925 gebautes, hölzernes Mudderboot, das bis 1956 im Einsatz war. »Mudder« oder »Mödder« sind niederdeutsche Wörter für Schlick: Das Boot diente nämlich der Entschlammung der Fahrrinne zwischen Hafen und Meer.

Pferderennen Insider Tipp
Trab- und Galopprennen finden auf der Jaderennbahn an etwa fünf Mittwochabenden oder Sonntagnachmittagen im Juli und August statt.

ESSEN & TRINKEN

Die Muschel
Caférestaurant mit verglaster Aussichtsterrasse; hausgemachte eingelegte Bratheringe, selbst gebackene Obstkuchen und -torten. *Am Yachthafen, Tel. 04425/681, Nov. bis März Mo–Do geschl.,* €€

Zum Schwarzen Bären
Küchenmeister Herbert Klostermann serviert in einem um 1765 gebauten Haus Köstlichkeiten, darunter Deichlamm und Fleisch vom Lavagrill. *Lange Str. 15, Tel. 04425/958 10, www.zum-schwarzen-baeren.de, Mi geschl.,* €€€

04425 / 55 1109
0179 / 14125349

EINKAUFEN

Goldschmiede Seewiefke
Claudia Benjes präsentiert überwiegend eigene Kreationen. *Lange Str. 27, Di–Sa 10–18, So 14–17 Uhr, www.seewiefke.de*

Viv'Antique
Antiquitäten aus dem Wangerland und von anderswo. *Lange Str. 10/12, April–Okt. Mi–So 14–18, Nov.–März Fr–So 11–18 Uhr*

ÜBERNACHTEN

78 €

Alte Schneiderei
Hotel in einem über 200 Jahre alten, 1996 komplett renovierten Haus nahe dem Alten Hafen. Spezielles Hochzeitszimmer mit Himmelbett. *13 Zi., Lange Str. 25, Tel. 04425/18 06, Fax 99 11 01, www.hooksiel-hotel.de/hs_schneiderei, €€*

Insider Tipp **Ferienhaus Packhaus**
Mehrere Apartments für bis zu vier Personen in einem der alten Packhäuser am Hafen. *Vermittlung durch Elsa Jacobs, Tel. 04425/793, Fax 813 92, www.jacobs-hooksiel.de, €€*

Packhaus
Hotel in einem der drei alten Packhäuser am Hafen. Exzellente deutsche und internationale Küche, große Weinkarte, Caféterrasse am Hafen. *7 Zi., Am Alten Hafen 1, Tel. 04425/12 33, Fax 99 11 01, www.hooksiel-hotel.de/packhaus, €€*

AUSKUNFT

Wangerland Touristik
Hohe Weg 1, 26434 Hooksiel, Tel. 04425/958 00, Fax 95 80 17, www.wangerland.de

ZIELE IN DER UMGEBUNG

Hohenkirchen **[110 B4]**
In der Kirche *St. Sixtus und Sinicius* steht seit 1620 einer der schönsten Altäre Ludwig Münstermanns. In seinem Zentrum stellt der Meister den Moment beim Letzten Abendmahl dar, in dem Jesus voraussagt, dass ihn einer seiner zwölf Jünger verraten wird. Äußerst dramatisch sind Entsetzen und Verzweiflung der Jünger erfasst. *Ostern–Herbstferienende Mo–Fr 9–17 Uhr* Insider Tipp

Horumersiel-Schillig **[110 C4]**
Das Nordseeheilbad Horumersiel-Schillig ist das Kurzentrum des Wangerlandes. Im schönen Kurpark spielt fast jeden Tag die Kapelle zum Kurkonzert auf, im modernen Kurzentrum sind vielerlei Anwendungen möglich. Auch für Urlauber aus Hooksiel attraktiv ist das 1999 eingeweihte Solefreizeitbad mit Innen- und Außenbecken, die aus einem eigenen, 160 m tiefen Brunnen mit Wasser gespeist werden.

Stumpenser Mühle **[110 C4]** Insider Tipp
Die 1816 errichtete Mühle beherbergt heute eine geschmackvoll eingerichtete Teestube, die sich zugleich auch Kartoffelhaus nennt: Außer Tee und Kuchen werden Kartoffeln in allen Variationen serviert. *Von der Straße Horumersiel–Hooksiel aus gut ausgeschildert, Tel. 04426/77 56, April–Sept. tgl. ab 11, Okt.–März ab 14 Uhr, durchgehend warme Küche, €*

Waddewarden **[110 C5]**
Die schon 1246 auf einer hohen Warf erbaute *Johanneskirche* lockt mit ihrem Taufstein aus dem 13. Jh. sowie mit ihrem reich verzierten

Flügelaltar Kunstfreunde an (Schlüssel im Pfarramt).

Zwei exzellente Fischrestaurants am Kirchplatz führen Feinschmecker in Versuchung. Im *To'n Schlagboom (Tel. 04461/24 25, Di geschl., €€)* und im *Waddewarder Hof (Tel. 04461/24 12, Mo geschl., €€)* wird Fisch in ungewöhnlich zahlreichen Variationen zubereitet. Das To'n Schlagboom bietet außerdem täglich Fischseminare an, bei denen Gastronom Hans-Wilhelm Rohlfs Wissenswertes über Fisch und Fischzubereitung erzählt und diverse Fischsorten zur Verkostung serviert.

JEVER

[110 B5] Die Stadt mit 14 000 Ew., deren Namen die Einheimischen mit stimmlosem »v« – also Jefer – aussprechen, ist der Verwaltungssitz des Landkreises Friesland. Bekannt wurde sie in neuerer Zeit vor allem durch ihr friesisch-herbes Bier. Stadtrechte besitzt die Kleinstadt aber schon seit 1536, als das legendäre Fräulein Maria das Jeverland regierte. Teile des großen Jeveraner Schlosses stammen noch aus ihrer Zeit. Ans Schloss schließt sich eine stimmungsvolle, teilweise noch von ihren historischen Wallgräben umgebene Altstadt an, durch die zu bummeln sich besonders lohnt.

SEHENSWERTES

Jever-Brauerei

★ Die 32 m hohen, verspiegelten Glastürme des Friesischen Brauhauses sind zu einem Wahrzeichen der Stadt geworden. Bier wird in dieser Brauerei schon seit über 150 Jahren gebraut, das besonders hopfenreiche und daher herbe Jever-Pilsener seit 1934. Bei den etwa zweistündigen Führungen lernen Sie nicht nur die modernen Produktionsanlagen kennen, sondern auch das Brauereimuseum. *Elisabethufer 18, Tel. 04461/137 11, www.jever.de, Führungen (nur nach Voranmeldung im Jever-Shop) Mo–Fr ca. 10–16 Uhr, Sa/So ca. 10–12 Uhr, 6,50 Euro*

Hier sind Hopfen und Malz vergoren: Friesisches Brauhaus Jever

Sagenbrunnen
Einer der schönsten Brunnen Deutschlands steht seit 1995 auf dem Alten Markt von Jever. Er erinnert figurenreich und ausdrucksvoll an fünf Sagen aus dem Jeverland. Am auffälligsten ist sicherlich das Hexenschiff.

Schloss
Während die Brauereitürme die modernen Wahrzeichen Jevers sind, ist der 61 m hohe Schlossturm aus dem 18. Jh. mit seiner Zwiebelhaube das historische Wahrzeichen der Stadt. Das Schloss selbst ist viel älter: Im Wesentlichen wurde zwischen 1428 und 1564 gebaut. Das alte Mobiliar wurde in den Wirren der Napoleonischen Kriege 1807 verkauft; von der früheren prächtigen Inneneinrichtung zeugen heute vor allem noch schöne Ledertapeten, einige flandrische Gobelins aus dem späten 17. Jh. und im ehemaligen Audienzsaal eine prächtige geschnitzte Kassettendecke im Stil der Renaissance. Etwa 60 Räume im Schloss dienen jetzt musealen Zwecken. *Eingang Schlossplatz, Tel. 04461/ 96 93 50, www.schlossmuseum.de, Juli/Aug. tgl., Sept.–Juni Di–So 10 bis 18 Uhr, Turmbesteigung April bis Sept. Di–So, Juli/Aug. tgl. 11–17 Uhr, 2,50 Euro*

Stadtkirche
Jevers Stadtkirche wirkt wie ein Zwitter: Der Chor ist spätgotisch, der Rest stammt dagegen aus den Sechzigerjahren des 20. Jhs. Die alte Stadtkirche war nämlich 1959 abgebrannt, nur der Chor konnte gerettet werden. Darin steht das vielleicht größte Kunstwerk der Stadt: ein prunkvoller, von einem zweistufigen Holzbaldachin überspannter Sarkophag, auf dem eine überlebensgroße Figur des Friesenhäuptlings Edo Wiemken liegt, des Vaters der legendären Jeveraner Herrscherin Fräulein Maria. *Am Kirchplatz, tgl. 8–18 Uhr, wenn geschl. Schlüssel im Gemeindehaus (Am Kirchplatz 13), Eintritt frei*

MUSEUM

Landwirtschaftsmuseum Schlachtmühle
Besichtigt werden können die 1847 erbaute Galerieholländermühle und die als Museum genutzte Mühlenscheune, in der u. a. eine über 100 Jahre alte Schlosserwerkstatt wieder errichtet wurde. *Hooksweg 9, Tel. 04461/21 06, Ostern–Okt. Di bis So 10–13 (So erst ab 11) und 15 bis 17 Uhr, 1 Euro*

ESSEN & TRINKEN

Bistro Neue 17
Täglich ab 8 Uhr Frühstück und viele kleine und große Gerichte, werktagmittags ein täglich wechselndes, sehr preiswertes Stammessen. *Neue Str. 17, Tel. 04461/ 60 89, kein Ruhetag, €*

Haus der Getreuen
Die Stammtischrunde dieses historischen Gasthauses beschloss 1871, Fürst von Bismarck zu seinem Geburtstag 101 Kiebitzeier zu schenken. Den Brauch behielt sie bis zu seinem Lebensende bei – und bekam zwischenzeitlich von ihm einen Kiebitzpokal geschenkt. Der wird noch heute alljährlich von den »Getreuen aus Jever« am 1. April im Gedenken an den früheren Reichskanzler geleert. *Schlachtstr. 1 (neben der Brauerei), Tel. 04461/*

30 10, www.haus-der-getreuen.de, kein Ruhetag, €€

EINKAUFEN

Blaudruckerei im Kattrepel
Georg Stark hat mehr als 1700 Model gesammelt, in deren Holz Muster eingeschnitzt sind. Damit bringt er eine klebrige Masse, den Druckpapp, auf seine Stoffe aus Leinen, Hanf und Seide auf. Danach werden sie mit Indigo gefärbt, schließlich der Druckpapp abgewaschen. Das weiße Muster unter dem Druckpapp erscheint nun auf blauem Grund auf Halstüchern, Servietten, Tischdecken und sogar auf Kleidern. Die Porzellanfabrik Varel überträgt Starks Muster auch auf Geschirr, das Sie ebenfalls bei ihm kaufen können. *Kattrepel, www.blaudruckerei.de, Mo–Sa 10–12.30, Mo–Fr auch 14–17 Uhr*

Jever-Shop
Etwa 80 Produkte mit dem Emblem der Brauerei: vom Rucksack bis zur Baseballmütze, vom Bierglas bis zur Bistroschürze. *Schlachtstr./Ecke Von-Thünen-Ufer, Mo–Fr 9–18, Sa 9–14 Uhr*

Töpferei Baumfalk
Werkstatt, Galerie und Verkaufsräume einer der besten Keramikwerkstätten Deutschlands. Sowohl Gebrauchswaren als auch künstlerisch gestaltete Tonskulpturen. *Am Kirchplatz 17, Mo geschl.*

ÜBERNACHTEN

nsider ipp **Pellmühle**
Von den Inhabern sehr persönlich geführtes, kleines Hotel nur mit Nichtraucherzimmern in einer alten Villa, fünf Gehminuten vom Zentrum. *19 Zi., Mühlenstr. 55, Tel. 04461/930 00, Fax 90 00 93, www.jever-hotel.de, €€*

Weißes Haus
Kleines, preiswertes Hotel nahe dem Zentrum und dem Freibad. *8 Zi., Bahnhofstr. 20, Tel. 04461/68 39, Fax 56 42, €*

AM ABEND

Konzerte
Im Audienzsaal des Schlosses finden im Sommer etwa alle 14 Tage Kammerkonzerte statt. *Vorverkauf über das Verkehrsbüro*

AUSKUNFT

Verkehrsbüro Jever
Alter Markt 18, 26441 Jever, Tel. 04461/710 10, Fax 892 99 27, www.stadt-jever.de

WILHELMSHAVEN

Karte in der hinteren Umschlagklappe

[110–111 C–D 5–6] Wilhelmshaven (85 000 Ew.) war lange ein eher trister Marinestützpunkt und Industriestandort, der von monotonen Häusern aus der Nachkriegszeit geprägt war. Jetzt aber ist es auch touristisch attraktiv: Mit seinen küsten- und meeresbezogenen Museen, seinen Stränden sowie einem breiten Freizeit- und Unterhaltungsangebot lohnt es auch einen mehrtägigen Aufenthalt.

Wilhelmshaven ist eine junge Stadt. 1853 erwarb das Königreich Preußen 313 ha oldenburgisches Gebiet, um darauf seinen Marinestützpunkt an der Nordsee aufzubauen. 1869 weihte König Wilhelm I. den Hafen ein. Ein wirtschaftliches Standbein der Stadt ist seit 1957 der Ölhafen, Deutschlands einziger Tiefwasserhafen. In 35 Tanks können hier bis zu 1,6 Mio. m^3 Erdöl gelagert werden. Jetzt soll die einzigartige Fahrrinnentiefe von über 22 m genutzt werden, um den modernsten Containerterminal Deutschlands zu schaffen, den Jade-Weser-Port. Er wird ab 2010 die Containerriesen der Zukunft aufnehmen, für die die Fahrwassertiefe der Häfen in Bremerhaven, Hamburg und Cuxhaven nicht ausreicht.

Oceanis: fundierte Informationen und virtuelle Unterwasserabenteuer

SEHENSWERTES

Aquarium
2002 eröffnete Erlebniswelt mit Meer- und Süßwasseraquarien mit Meeresbewohnern aus aller Welt. Der Rundgang ist als Weltreise konzipiert, auf der man auch Landbewohnern aus den Tropen begegnet. *Am Südstrand 123, Öffnungszeiten erfragen unter Tel. 04421/506 64 44*

Bontekai
An der Uferpromenade am Nordufer des heute Stadtsee genannten Großen Hafens liegen zwei historische Schiffe, die von der Segelkameradschaft Klaus Störtebeker unterhalten werden: das Feuerschiff »Weser« von 1907 und der Tonnenleger »Kapitän Meyer« von 1950, auf dessen Brücke man sich auch standesamtlich trauen lassen kann.

Hafenrundfahrten
Fahrten zum Marine- und Ölhafen ab Südstrand (Helgolandkai) mit der MS Harle-Kurier im Sommer täglich um 11, 13, 15 und 16.30 Uhr. *Reederei Warrings, Tel. 04421/434 43, Fax 04464/94 95 30, www.reederei-warrings.de, 7 Euro, Kinder 5 Euro*

Kaiser-Wilhelm-Brücke
Das Wahrzeichen Wilhelmshavens, von den Einheimischen nur K.-W.-Brücke genannt, ist eine fast zierlich wirkende, 159 m lange Drehbrücke aus 758 t Eisen. Seit 1907 verbindet sie das Zentrum mit dem Südstrand.

Oceanis
★ Die virtuelle Unterwasserstation Oceanis war ein deutscher Beitrag

Sehenswert, weil es auch die Sozialgeschichte zeigt: das Marinemuseum

zur Expo 1998 in Lissabon. Zur Expo 2000 ging sie nun für immer in Wilhelmshaven vor Anker. Besucher können eine simulierte rasante Fahrstuhlfahrt in 100 m Tiefe miterleben und in einem Motion-Ride-Kino mit dem Oceanis-Jet über und unter Wasser fliegen. Neben diesen beiden virtuellen Abenteuern bietet Oceanis vor allem wissenschaftlich fundierte Informationen über Ökologie und Ökonomie des Meeres. *Müller-Raschig-Halle, Bontekai 63, Tel. 04421/755055, www.oceanis.de, tgl. 10–18 Uhr, 11,50 Euro*

Rathaus

Der 100 m lange Klinkerbau (1929) des Architekten Fritz Höger, der auch das Chilehaus in Hamburg errichtete, zählt zu den Höhepunkten expressionistischer Architektur in Deutschland. Sein 49 m hoher Turm, der als Wasserreservoir genutzt wird, bietet einen prächtigen Blick über die Stadt und den Jadebusen. *Rathausplatz, Turmfahrten tgl., Tel. 04421/91 30 00 oder 16 16 37*

MUSEEN

Deutsches Marinemuseum

★ Das sehenswerteste der Wilhelmshavener Museen illustriert die Geschichte der deutschen Marine (einschließlich jener der Volksmarine der DDR) mit zahlreichen Modellen, Fotos und Dokumenten. Neben Politik und Technik kommt auch die Sozialgeschichte ihrer Angehörigen dabei nicht zu kurz. Im Außenbereich können ein 1967 gebautes U-Boot und ein ehemaliges Minenjagdboot der Bundesmarine besichtigt werden. *Südstrand 125, Tel. 04421/410 61, April–Sept. tgl. 10–19, Okt.–März 10–17 Uhr, 6,50 Euro*

Neues Küstenmuseum/ wal.welten

Ab 2003 wird das Neue Küstenmuseum die Stadtgeschichte Wilhelmshavens nach modernen museumsdidaktischen Prinzipien präsentieren. Schon jetzt ist im Museumsbau – einer Exerzierhalle der ehemaligen Kaiserlichen Torpedowerft – die Ausstellung wal.welten zu sehen. Sie informiert u. a. mit Ton- und Lichteffekten über die Evolution und Biologie des Wals, über Walfang und -schutz. Kernstücke der sehr anschaulichen Darstellung sind das über 15 m lange Skelett eines 1994 vor der Insel Baltrum gestrandeten Pottwals und seine plastinierten Organe, die man sogar anfassen darf. *Weserstr. 58/ Bontekai, Tel. 04421/40 09 40, tgl. 10–18 Uhr, 6,65 Euro*

Wattenmeerhaus
Ein umgebautes Torpedolager aus dem Zweiten Weltkrieg ist jetzt das zentrale Ausstellungsgebäude des Nationalparks Niedersächsisches Wattenmeer. Hier wird nach eigenem Bekunden der Versuch unternommen, Besucher die Welt dieses einzigartigen Naturraums aktiv erleben zu lassen. Mehr Informationen über das Watt erhalten Interessierte, die viel Zeit mitbringen, sonst nirgends. *Südstrand 110 b, Tel. 04421/910 70, April–Okt. tgl. 10–18, Nov.–März Di–So 10–17 Uhr, Kombiticket für Wattenmeerhaus und wal.welten 9,75 Euro, www.wattenmeerhaus.de*

ESSEN & TRINKEN

Insider Tipp

Paninoteca
Italien in Wilhelmshaven: Tische und Stühle unterm Glasdach der Nordsee-Passage, dazu vielfältig belegte Brötchen und Ciabattas. *Bahnhofsplatz 1, Tel. 04421/428 91, Sa-Abend und So geschl., €*

Seglerheim am Nassauhafen
★ Ein wenig im touristischen Abseits gelegenes Restaurant mit großer Terrasse direkt an einem Yachthafen. Viele gute Fischgerichte, große Portionen, erstklassiges Preis-Leistungs-Verhältnis. Besonders lecker: Steinbeißerfilet mit Knoblauchöl und Schollen mit Speckwürfeln. *Schleusenstr. 23, Tel. 04421/431 43, kein Ruhetag, €*

EINKAUFEN

Nordsee-Passage
Wetterunabhängiges Shoppen und Flanieren auf zwei Etagen am Hauptbahnhof. 60 Geschäfte auf 35 000 m² Fläche, großes Parkhaus. *Bahnhofsplatz 1*

ÜBERNACHTEN

Insider Tipp

Feuerschiff Weser
Origineller können Sie in Wilhelmshaven nicht wohnen: Auf dem 1907 erbauten Feuerschiff werden 16 Kojen in acht Doppelkabinen vermietet. Es gibt nur kaltes Wasser, Dusche und WC liegen ein Deck über den Kabinen. Ein Restaurant *(Mo geschl.)* ist an Bord. *Bontekai, Tel. 04421/446 79, Fax 125 08, €*

Keil
Sehr zentral in unmittelbarer Bahnhofsnähe in einer Fußgängerzone gelegenes Hotel garni, auch Nichtraucherzimmer und Betten mit Überlänge. Internetzugang für Gäste. *17 Zi., Marktstr. 23, Tel. 04421/ 947 80, Fax 94 13 54, www.hotel-keil.de, €€*

Seestern
Modernes Hotel im Zentrum des maritimen Wilhelmshaven schräg gegenüber vom Marinemuseum direkt auf der Südstrandpromenade. Alle Zimmer mit Blick auf den Jade-

busen. *17 Zi., Südstrand 116, Tel. 04421/941 00, Fax 452 63, €€*

AM ABEND

Zentrum des Nachtlebens ist der Börsenplatz mit mehreren Bistros, Kneipen und Musiklokalen.

Fun & Lollipop
Zwei Pisten unter einem Dach: das Tanzcafé Lollipop und die Disko Fun. *Bahnhofstr. 22, Tel. 04421/98 25 20, www.discofun.de (Website mit Singletreff), Mi 21–3, Fr/Sa 21 bis 5 Uhr*

Kinopolis
Modernes Kinozentrum mit neun Sälen. *Bahnhofstr. 22, Tel. 04421/755 60, www.kinopolis.de*

Insider Tipp **Pumpwerk**
Das Kulturzentrum in einem ehemaligen Pumpwerk ist als Veranstaltungsort für Jazz-, Rock- und Popkonzerte, für Kleinkunstevents, Kabarett und Dichterlesungen im ganzen Nordwesten bekannt. *An der Deichbrücke, Tel. 04421/91 36 90, www.pumpwerk.de*

AUSKUNFT

Tourist-Information
Ebertstr. 110, 26382 Wilhelmshaven, Tel. 04421/91 30 00, Fax 913 00 10, www.wilhelmshaven.de

ZIEL IN DER UMGEBUNG

Dangast **[111 D6]** Insider Tipp
Das Nordseebad am Jadebusen lohnt vor allem für Kunstfreunde einen Besuch. Hier lebten und arbeiteten von 1907 bis 1912 mehrere bekannte deutsche Expressionisten der Gruppe »Die Brücke« wie Erich Heckel, Max Pechstein und Karl Schmidt-Rottluff. Von 1921 bis zu seinem Tod 1983 wirkte hier Franz Radziwill, ein Meister des Magischen Realismus. Viele seiner Werke sind in seinem ehemaligen *Wohnhaus* ausgestellt *(Sielstr. 3, Tel. 04451/27 77, Mitte März–Okt. Do bis Sa 15–18, So 11–18 Uhr, 2,60 Euro).*

Künstler der Gegenwart werden vom Wirt der *Gaststätte Altes Kurhaus* am Deich beim Hafen gefördert. Auf dem Außengelände sind einige moderne Plastiken zu sehen.

Abendliche Impression im Expressionistenstädtchen Dangast

ZIEZY

Im Bannkreis zweier Ströme und Hansestädte

Weite Strände und viel Kultur zwischen zwei jungen Hafenstädten

Urlaubstage an der Nordseeküste zwischen Bremerhaven und Cuxhaven verbinden das Erlebnis des offenen Meeres mit dem viel befahrener Flüsse. In die Wesermündung bei Bremerhaven laufen die Schiffe ein, die Nordenham, Brake oder Bremen ansteuern. In der noch viel geschäftigeren Elbmündung nehmen sie Kurs auf den Nord-Ostsee-Kanal und auf Deutschlands größten Hafen, Hamburg. Die alten Hansestädte Bremen und Hamburg haben das Schicksal dieser Region entscheidend mitbestimmt.

Cuxhaven und Bremerhaven sind interessante Hafenstädte. Cuxhaven lockt auch mit sehr guten Stränden, Bremerhaven mit zahlreichen Museen, Museumsschiffen und maritimen Erlebnisangeboten. Die Küstenorte dazwischen sind ebenso wie Dörfer und Städtchen im Hinterland eher ruhig und beschaulich, haben aber interessante Sehenswürdigkeiten zu bieten.

Leucht- und Radartürme markieren den Mündungstrichter der Weser in Bremerhaven

Beim ersten Sonnenstrahl geben sich die Norddeutschen mediterran

BREMERHAVEN

Karte in der hinteren Umschlagklappe

[112 A5] Bremerhaven (127 000 Ew.) gehört nicht zu Niedersachsen, sondern zum Zwei-Städte-Staat Bremen. Es ist die größte Stadt an der Nordseeküste und nach Hamburg Deutschlands geschäftigster Handelshafen. Seine wichtigsten Standbeine sind heute der Containerhafen und die Autoverladungsanlage, über die ein Großteil der deutschen Autoim- und -exporte abgewickelt wird. Außerdem ist Bremerhaven Deutschlands bedeutendster Fischereihafen. In der hiesigen Fischwirtschaft finden fast 8000 Menschen Arbeit. Die maritime Ausrichtung der Stadt zeigt sich auch an ihrer Hochschule und Forschungseinrichtungen wie dem Alfred-Wegener-Institut für Polar- und Meeresforschung. Hier an der Wesermündung ist auch das Deutsche Schifffahrtsmuseum angesiedelt; vom Sommer 2003 an soll ein »Ocean Park« zusätzliche maritime Erlebniswelten bieten.

SEHENSWERTES

Atlanticum

Das Atlanticum ist kein Meerwasseraquarium im üblichen Stil, sondern eine hochmoderne, spannende und interaktive Multivisionsschau, für die Sie sich Zeit lassen sollten. Nordseefische schwimmen in einem 150 000-l-Aquarium um ein Wrack herum, ein Hörspiel entführt den Besucher auf die Fischauktion. Wer mag, kann ein Modellschiff in den Fischereihafen schleusen, ein Video über die Arbeit an Bord moderner Fangschiffe anschauen, mit farbiger Kreide Fischmotive rubbeln und Seemannsknoten schlagen. Ein Gezeitenmodell veranschaulicht in zwölfeinhalb Minuten, was in der Natur zwölfeinhalb Stunden braucht: Ebbe und Flut. *Forum Fischbahnhof, Am Schaufenster 6, Tel. 0471/93 23 30, tgl. 10–18 Uhr, 4,10 Euro*

Container-Aussichtsplattform

Von hier aus kann man gefahrlos die Arbeit im Containerhafen betrachten. *Parkplatz Nordschleuse, März–Okt. frei zugänglich*

Hafenbus

Ein Doppeldecker-Cabriobus fährt durch den Überseehafen auf das Container-, das Autoterminal und die Llyodwerft. *Abfahrt ab Museumsschiff Gera und Schifffahrtsmuseum, April–Okt. Mo–Fr 14, Sa/So 11 und 14 Uhr, Nov.–März Sa 14 Uhr, 8 Euro*

Hafenrundfahrten

Von den Osterferien bis Mitte Dezember ab Anleger Neuer Hafen Süd nahe der Strandhalle zu den Überseehäfen *(Auskunft Tel. 0471/41 58 50)*. Von April bis Oktober außerdem Rundfahrten durch den Fischereihafen ab Anleger Fischereihafen I Südkaje *(Schaufenster Fischereihafen, Tel. 0471/699 99 22)*.

Museumsschiff FMS Gera

Seit 1993 liegt der 1959/60 in Rostock gebaute Seitentrawler im Bremerhavener Fischereihafen. Bis 1980 ging er vor allem im eisigen Nordmeer auf Fang. *Schaufenster Fischereihafen, Tel. 0471/201 38, April, Mai, Sept., Okt. Sa/So 10–17 Uhr, Juni–Aug. tgl. 10–17 Uhr, 1,50 Euro*

Museums-U-Boot Wilhelm Bauer

★ Ein Gang durch das im Zweiten Weltkrieg gebaute, über 76 m lange, aber nur 6,60 m breite Unterseeboot U 2540 macht deutlich, in welcher Enge und mit welchem Lärm und Ölgestank U-Boot-Fahrer auf ihre Höllenfahrten gingen. Da wird selbst die interessante Technik zur Nebensache. *Museumshafen, Tel. 0471/48 20 70, April–Okt. tgl. 10–18 Uhr, 2,50 Euro*

Zoo am Meer

Der Zoo mit rund 1500 Tieren und über 300 Arten widmet sich zwar besonders der nordischen Tierwelt, zeigt aber auch eine Reihe exotischer Arten. Publikumslieblinge sind Robben, Eisbären, Pinguine und Schimpansen. Im Aquarium tummeln sich nicht nur Nordsee-, sondern auch Süßwasserfische. *Weserdeich, H.-H.-Meier-Str., Tel. 0471/420 71, bis Mitte 2003 wegen Umbauarbeiten geschl.*

MUSEEN

Insider Tipp

Auswandererausstellung Aufbruch in die Fremde

Die multimediale Ausstellung illustriert informativ und unterhaltsam das Schicksal der Amerikaauswanderer zwischen 1854 und 1907. *An der Deichpromenade neben dem Radarturm, Tel. 0471/201 38, April bis Okt. tgl. 10–18 Uhr, 2,50 Euro*

Deutsches Schifffahrtsmuseum

★ Im Jahr 2000 ist die Ausstellungsfläche dieses deutschen Nationalmuseums für Schifffahrt durch einen Neubau auf 8874 m² angewachsen. Der Neubau ist der Sportschifffahrt, der Fischerei und dem Walfang gewidmet. Besondere Attraktionen sind das 18 m lange Skelett eines Pottwals und der Nachbau einer historischen Kommandobrücke. Im Haupthaus sind u. a. über 500 Schiffsmodelle und viele nautische Geräte ausgestellt. Hier kann man die Luxuskabine eines Passagierschiffes aus dem Jahr 1912 sehen und das Mittelschiff eines Seitenraddampfers von 1881 betreten.

Der größte Stolz des Museums ist eine 1380 gleich nach dem Stapellauf auf der Weser gesunkene Hansekogge. 1962 wurde sie zufällig auf dem Grund der Weser entdeckt und anschließend geborgen. Mitarbeiter des Schifffahrtsmuseums setzten sie seit 1972 aus über 2000 Einzelteilen wieder nahezu

MARCO POLO Highlights »Zwischen Weser und Elbe«

★ **Insel Neuwerk**
Zu Fuß oder mit dem Wattenwagen hin, zurück mit dem Schiff (Seite 78)

★ **Museums-U-Boot Wilhelm Bauer in Bremerhaven**
Die Enge an Bord eines U-Bootes aus dem Zweiten Weltkrieg erleben (Seite 70)

★ **Deutsches Schifffahrtsmuseum in Bremerhaven**
Geschichte und Gegenwart der Seefahrt und eine 600 Jahre alte Hansekogge im Original (Seite 71)

★ **Wrackmuseum in Cuxhaven**
Erstaunlich, was alles auf dem Meeresgrund lag (Seite 77)

★ **Restaurant André Hennersdorf in Bremerhaven**
Fisch auf seine feinste Art und dazu erlesene Weine (Seite 72)

★ **Ringhotel Seepavillon Donner in Cuxhaven**
Wohnen an der Alten Liebe und hören, welcher Dampfer vorbeifährt (Seite 77)

Zum Schifffahrtsmuseum gehört auch ein Museumshafen

vollständig zusammen. Von 1982 bis 1999 wurde das Holz in einem Stahlbehälter in 800 m^2 Polyäthylenglykol konserviert; zur Eröffnung der Expo 2000 wurde das 23 m lange und 8 m breite Schiff den Besuchern des Schifffahrtsmuseums erstmals präsentiert.

Im Museumshafen unmittelbar vor dem Schifffahrtsmuseum liegen mehrere Museumsschiffe, die ebenfalls besichtigt werden können: der Walfänger »Rau IX«, der Hochsee-Bergungsschlepper »Seefalke«, das Feuerschiff »Elbe 3« und die Dreimastbark »Seute Deern«. 1999 ist der Hafen um 80 m verlängert worden; dabei hat man auch die Alte Hafenkaje aus Sandsteinquadern von 1827 wieder freigelegt. Hier sollen weitere Museumsschiffe Platz finden. *Hans-Scharoun-Platz 1, Tel. 0471/48 20 70, April–Okt. tgl., Nov.–März Di–So 10–18 Uhr, Museumsschiffe nur April–Okt. zugänglich, 4 Euro, www.dsm.de*

Historisches Museum/ Morgenstern-Museum

In dem modernen Museumsbau an der Geeste illustrieren sieben Ausstellungsschwerpunkte die Geschichte der Region und der Stadt. Viel Wert wird auf die Darstellung der Lebensumstände und der Arbeitsbedingungen der Menschen gelegt. Man erfährt viel über Fischfang und -verarbeitung, über die Überseehäfen und den Containerterminal, über Werften und Schiffbau. Ein großes Modell im Maßstab 1:400 zeigt die Fischereihäfen im Jahr 1936, ein nachgebauter Luftschutzkeller macht die Kriegsleiden deutlich. *An der Geeste, Tel. 0471/ 201 38, Di–So 10–18 Uhr, 2,50 Euro*

ESSEN & TRINKEN

André Hennersdorf im Ratskeller

★ Das kreativste Restaurant an der Touristenmeile im Fischereihafen serviert nicht nur Fisch, sondern auch Köstlichkeiten wie Lamm oder Perlhuhn – und dazu deutsche Weine aus dem Bremer Ratskeller. *An der Packhalle IV, Nr. 4, Tel. 0471/301 09 45, Mo geschl., €€€*

Insider Tipp **Der Kutterfischer**
»Schnell, schmackhaft und unkompliziert« ist das Motto dieses einfachen Restaurants am Fischereihafen. Besonders gefragt ist im Winterhalbjahr das große Bratkartoffelbuffet mit frischem, mariniertem und geräuchertem Fisch sowie Rührei und Krabben am Dienstag und Donnerstag jeweils von 18 bis 22 Uhr. *An der Packhalle IV Nr. 6, Tel. 0471/932 23 52, kein Ruhetag, €*

Natusch
Inhaber Lutz Natusch ist der einzige Restaurantbesitzer in Deutschland, der seinen Fisch direkt auf der nur 200 m vom Lokal entfernten Bremerhavener Fischauktion ersteigern darf. Frischer kann man Fisch nirgends essen. *Am Fischbahnhof 1, Fischereihafen, Tel. 0471/710 21, Mo geschl., €€€*

Seute Deern
Auf dem 1919 vom Stapel gelaufenen und 1938 zur Dreimastbark umgebauten Segelschiff kann man stilvoll zum leichten Wellengeplänkel speisen. *Museumshafen, Tel. 0471/41 62 64, kein Ruhetag, €€–€€€*

EINKAUFEN

Haupteinkaufsstraße der Stadt ist der Bürger. Auch bei nassem Wetter gerät ein Bummel durch das Columbus-Center zwischen Bürger und Museumshafen zum Vergnügen. Fisch kaufen Sie am besten im Schaufenster Fischereihafen.

Fischräucherei Herbert Franke
Hier hängt der Fisch im Laden frisch geräuchert noch auf den Räuchergestellen am Spieß. *Fischereihafen, Mo–Fr 7–16, Sa 7–12, So 8–12 Uhr*

ÜBERNACHTEN

Comfort-Hotel
Das moderne Haus liegt am Schaufenster Fischereihafen und besitzt neben Sauna und Solarium sogar eine Golftrainingsanlage. *114 Zi., Am Schaufenster 7, Tel. 0471/932 00, Fax 932 01 00, www.comfort-hotel-bremerhaven.de, €€–€€€*

An der Karlstadt
Zentral gelegene, preiswerte Zimmer mit Pantryküche und TV in einem unter Denkmalschutz stehenden Haus; die Inhaber vermieten auch Ferienwohnungen. *10 Zi., An der Karlstadt 35, Tel. 0471/420 21, Fax 420 23, €*

AM ABEND

Gasthausbrauerei Koggen-Bräu
Freitags und samstags ist ab 20.30 Uhr Oldienight, mal mit DJ, mal mit Livemusik. Dazu darf getanzt werden. *Van-Ronzelen-Str. 18, Tel. 0471/41 77 88, www.koggen-braeu.de, Eintritt frei*

Theater
Das *Stadttheater Bremerhaven (Theodor-Heuss-Platz, Tel. 0471/490 01)* zeigt im Großen Haus fast täglich Opern und Musicals, im Kleinen Haus hoch- und niederdeutsche Schauspiele und Komödien. Theateraufführungen finden

Autoterminal Bremerhaven

Deutschlands größter Parkplatz liegt an der Wesermündung

Bremerhaven ist das Drehkreuz für den europäischen Autoimport und -export. Über 1,2 Mio. Fahrzeuge werden in den Bremerhavener Terminals jährlich auf spezielle Autotransporter gefahren oder von ihnen angelandet. Jedes dieser Spezialschiffe kann bis zu 6000 Fahrzeuge transportieren. Im Bremerhavener Hafen stehen für die Neuwagen über 90 000 Parkplätze unter freiem Himmel und in Parkhäusern zur Verfügung. Die Bremerhavener belassen es aber nicht bei der bloßen Entladung: Viele Fahrzeuge werden hier auch noch einmal gründlich poliert oder entsprechend den Bestimmungen im Zielland umgerüstet.

außerdem im *Theater im Fischereihafen (Am Schaufenster 6)* statt.

AUSKUNFT

Bremerhaven Touristik
Van-Ronzelen-Str. 2, 27568 Bremerhaven, Tel. 0471/946 46 11, Fax 460 65, www.seestadt-bremerhaven.de

Tourist-Info im Columbus-Center
Tel. 0471/430 00

ZIELE IN DER UMGEBUNG

Bad Bederkesa **[112 B4–5]**
Am schönsten ist das Moorheilbad (5000 Ew.) im Dreieck zwischen Burg, Kurpark und Sportboothafen. Die schon im 12. Jh. gegründete Burg beherbergt heute ein exzellentes *Museum (Amtsstr., Tel. 04745/10 55, Mai–Sept. Di–So 10–18, Okt.–April Di–So 10–17 Uhr, 2 Euro)*, dessen Schwerpunkt Frühgeschichte und frühes Mittelalter bilden. Insider Tipp Einzigartig sind die Funde aus einem Bootsgrab: ein über 4 m langer, mit Eichenbrettern verschlossener Einbaum, der als Sarg diente, und ein reich beschnitzter Stuhl, der seiner Schönheit wegen als »Thron aus der Marsch« bezeichnet wird. Das *Museum des Handwerks (Heubruchsweg 8, Tel. 04745/18 19, Di–So 10–17 Uhr, 1,50 Euro)* im Alten Gaswerk zeigt historische Werkstätten und Arbeitsgeräte 18 verschiedener Handwerksberufe. Der schönste Aussichtspunkt des Ortes ist das Restaurant und Café *Dobbendeel (Tel. 04745/488, kein Ruhetag, €€)* direkt am See auf Höhe des Sportboothafens.

Auskunft: *Tourist-Information, Amtsstr. 8, 27624 Bad Bederkesa, Tel. 04745/943 30, Fax 94 33 22, www.bad-bederkesa.de*

Dorum **[111 F 4]**
Dorum ist zwar einer der ältesten Orte im Land Wursten, hat aber außer seiner Kirche St. Urban, deren älteste Teile noch aus dem frühen 13. Jh. stammen, keinerlei historische Bausubstanz aufzuweisen. Das

Niedersächsische Deichmuseum (Poststr. 16, Tel. 04742/10 20, Mai–Nov. tgl. 14–17 Uhr, 1,50 Euro) im Ortskern informiert über den Deichbau einst und jetzt, über Siele und Sieltore, über Buhnen und Sturmfluten an der Küste.

In der Hafensiedlung Dorumer Neufeld liegt außer Krabbenkuttern und Sportbooten auch ein *National-park-Informationsschiff.* Es läuft im Sommer fast täglich zu kurzen naturkundlichen Fahrten ins Wattenmeer aus (90 Minuten für 7 Euro). Informationen darüber erhalten Sie im *Nationalpark-Haus* am Hafen *(Tel. 0474/28 26).*

Insider Tipp

Auf der *Dorumer Hafenterrasse,* eine Art Piazza am Hafen, können Sie an Fischbuden, einer Crêperie oder einem Grill Snacks kaufen und an Tischen verzehren *(bei gutem Wetter ca. 11–21 Uhr, €).*

Auskunft: *Kurverwaltung Land Wursten, Am Kutterhafen 3, 27632 Dorum, Tel. 04741/96 00, Fax 96 01 41, www.wursterland.de*

Wremen **[111 F4]**

Das Dorf ist einer der historischen Hauptorte im Land Wursten. Nahe der Kirche finden Sie das kleine, liebevoll gestaltete *Museum für Wattenfischerei (Wurster Landstr. 118, Tel. 04705/12 17, Di–Sa 11–17, So 15–18 Uhr, 1,50 Euro),* das zeigt, wie die Küstenbewohner sich früher das Wattenmeer zu Nutze machten.

CUXHAVEN

Karte in der hinteren Umschlagklappe

[112 A2] Die Stadt an der Elbemündung (53 000 Ew.) ist nach Bremerhaven Deutschlands zweitgrößter Fischereihafen und seit 2002 Deutschlands einziger Hafen im Fährverkehr mit England. Durch die Zugehörigkeit vieler kleiner Ortsteile wie Duhnen und Sahlenburg, die sehr gute Sandstrände besitzen, spielt zudem der Tourismus für Cuxhaven eine bedeutende Rolle.

SEHENSWERTES

Alte Liebe

Der zweigeschossige, hölzerne Anleger an der Ausfahrt des Alten Hafens hat seit 1981 wieder die Form der Jahre 1885–1934, wird jedoch nur noch als Aussichtsplattform genutzt. Hier kann man bei schönem Wetter Stunden verbringen und den Schiffsansagen lauschen, die über Herkunft, Ziel und Größe der dicht vorüberfahrenden Schiffe informieren. Ein 10 km langer Strandwanderweg führt von hier an der Kugelbake und den Ortsteilen Döse und Duhnen vorbei bis nach Sahlenburg.

Fort Kugelbake

Die 1869 erbaute Festung sollte mit ihren Kanonen bis zum Ersten Weltkrieg feindliche Schiffe am Eindringen in die Elbmündung hindern. *Cuxhaven-Döse, nur im Rahmen von 90-minütigen Führungen zugänglich, Voranmeldung erforderlich, Tel. 04721/40 81 88, 3 Euro*

Kugelbake

Die 29 m hohe Kugelbake ist das Wahrzeichen Cuxhavens. Ihre Funktion als Seezeichen hat sie zwar angesichts der modernen Radarlotsung verloren, doch markiert sie noch immer den Übergang zwischen offenem Meer und Elbe. *Cuxhaven-Döse*

Warum immer Volleyball? Beachhandball am Strand in Cuxhaven-Duhnen

Schloss Ritzebüttel
Das kleine Backsteinschloss mit seinem schönen Park ist der historische Kern Cuxhavens. Um 1340 baute das einheimische Grundherrengeschlecht Lappe hier einen ersten, steinernen Wohn- und Wehrturm, der 1394 in Hamburger Besitz überging. Die Hamburger bauten ihn aus und fügten 1752 einen Ziegelbau an; 1892 wurde das Schloss noch um ein Gerichtsgebäude ergänzt. Nach sorgfältiger Restaurierung sind nun zahlreiche Innenräume wieder in historischer Gestalt zu besichtigen. *Cuxhaven-Zentrum, Südersteinstr., Tel. 04721/72 18 12, April–Sept. Di–Do 10–12 und 15–17, Fr 15–17, Sa/So 10–13 Uhr, Okt.–März Di und Do 10–12, Mi und Fr 15–17, Sa/So 10–13 Uhr, Führungstermine tel. erfragen, 2 Euro, Kinder 0,50 Euro*

Steubenhöft & Hapag-Hallen
Wo sich bis 1954 zahllose Auswanderer einschifften, legen heute die Englandfähre und Kreuzfahrtschiffe an. Die dazugehörigen Hapag-Hallen mit den Wartesälen der verschiedenen Klassen könen nur im Rahmen von Führungen besichtigt werden. *Termine fast tgl., Tel. 04721/50 01 81, www.hapag-halle-cuxhaven.de, Führungen 3 Euro*

MUSEEN

Museum der Fünfzigerjahre
Die Alltagskultur der Wirtschaftswunderzeit. *Fischereihafen, Neufelderstr. 12, Tel. 04721/833 05, Mai bis Sept. Mi und Fr 15–18, So 10 bis 18 Uhr, Okt.–April So 10–18 Uhr, 2,60 Euro*

Museumsfeuerschiff Elbe I
Das Feuerschiff lag von 1948 bis 1988 als schwimmendes Leuchtfeuer in der Elbmündung vor Cuxhaven. Maschinenraum, Kommandobrücke, Kombüse und Kabinen können Sie besichtigen. *Cuxhaven-Zentrum, Deichstr./Zollkaje, An der Klappbrücke, Tel. 04721/341 21, März bis Okt. Di–So 13–18 Uhr, 2,50 Euro*

Schiffsmuseum

Über 1200 Exponate hat Peter Weber auf 200 m^2 Fläche zusammengetragen, darunter zahlreiche Schiffsmodelle und maritime Gemälde. *Cuxhaven-Duhnen, Wehrbergsweg 7, Tel. 04721/481 58, März–Okt. tgl. 10–13 und 15–18 Uhr, bei schlechtem Wetter durchgehend, 2,50 Euro*

Stadtmuseum

Das Museum nimmt die beiden Etagen eines klassizistischen Kaufmannshauses von 1780 ein. Hier erfahren Sie viel über die Geschichte Cuxhavens und über die deutsche Marinegeschichte seit Kaiser Wilhelm II. *Cuxhaven-Zentrum, Südersteinstr. 38, Tel. 04721/628 22, Mo–Fr 9–13, Di–Fr auch 15–18 Uhr, Sa/So 10–13 Uhr, 1,50 Euro*

Wrackmuseum

★ In der Deutschen Bucht sind in den letzten 300 Jahren schätzungsweise 4000 Schiffe gesunken. Das Museum zeigt auf einem Freigelände und auf drei Etagen Wrackteile und andere Funde aus gesunkenen Schiffen. So sieht man z. B. Galionsfiguren, eine 1000 Jahre alte Ladung von Helgoländer Kupferbarren und den Enterhaken eines Piratenschiffes. Torpedos und ein vollständiges Kleinstunterseeboot aus dem Zweiten Weltkrieg sind ebenso ausgestellt wie Porzellan und minimale Kohlen- und Rostreste von der Titanic. *Cuxhaven-Stickenbüttel, Dorfstr. 80, Tel. 04721/233 41, Ende März–Ende Okt. sowie in den Weihnachtsferien Di–Fr 9–13 und 15–18 Uhr, Sa/So 10–13 und 15–18 Uhr, 2,50 Euro*

ESSEN & TRINKEN

Bohlsen Räucherfisch-Restaurant

Insider Tipp

Einfaches Fischrestaurant mit eigener Räucherei. Preiswertes Frühstück mit Räucherlachs und Ei, durchgehend warme Küche. *Fischereihafen, Halle X, Niedersachsenstr., Tel. 04721/250 58, tgl. 8–20 Uhr,* €

Costa Nova

Insider Tipp

Portugal in Cuxhaven. Nicht nur Fisch, auch Fleisch und Geflügel. *Fischereihafen, Halle V, Woltmannstr., Mo geschl.,* €€

Zur Nordseekrabbe

Einfaches Restaurant im Fischereihafen; Fischfilets satt zu sehr günstigen Preisen. *Ohlroggestr. 68, Fischhalle VII, Tel. 04721/255 46, Di–So 11–18 (Juni–Sept. bis 21) Uhr,* €

EINKAUFEN

Haupteinkaufsstraße im Zentrum ist die Nordersteinstraße; maritime Souvenirgeschäfte finden Sie im Zentrum von Duhnen.

ÜBERNACHTEN

Ringhotel Seepavillon Donner

★ Von vielen Zimmern in diesem am Anleger Alte Liebe gelegenen Haus haben Sie einen direkten Blick auf die Elbmündung und den Schiffsverkehr auf dem Hauptschifffahrtsweg. Zum Hotel gehören ein Wellnessbereich mit Sauna, Whirlpools und Solarium sowie ein Panoramarestaurant. *50 Zi. und Apartments, Cuxhaven-Zentrum, Bei der Alten Liebe 5, Tel. 04721/56 60,*

Fax 56 61 30, www.seepavillon-donner.de, €€€

Badhotel Sternhagen
In diesem Haus am Duhnener Strand sollen die Gäste schlafen »wie auf einem Luxusliner« an Land. Man genießt einen Panoramablick auf Watt und Meer, kann sich in drei Restaurants und einer Weinlandschaft kulinarisch verwöhnen lassen und die hauseigene Badelandschaft nutzen. Die Buchung ist nur mit Halbpension möglich. *49 Zi., Suiten und Apartments, Cuxhaven-Duhnen, Cuxhavener Str. 86, Tel. 04721/43 40, Fax 43 44 44, www.badhotel-sternhagen.de, €€€*

SCHIFFSAUSFLÜGE

Jan Cux
Ein vielfältiges Ausflugsprogramm bietet die Reederei NARG mit ihren beiden Schiffen Jan Cux I und II: zum Hochseeangeln (auch für Nichtangler geeignet), zu Seehundsbänken und zu einer Bohrinsel sowie zum Sonnenuntergang. *NARG, Helgoländer Kai, Tel. 04721/725 01, Fax 72 51 00, www.hochseeangeln.de*

AUSKUNFT

Kurverwaltung
Cuxhaven-Duhnen, Cuxhavener Str. 92, 27476 Cuxhaven, Tel. 04721/40 41 42, Fax 490 80, www.cuxhaven.de

Zimmervermittlung
Für jeden Stadtteil von Cuxhaven gibt es eine eigene Zimmervermittlung. Adressen nennt die Kurverwaltung.

ZIELE IN DER UMGEBUNG

Insel Neuwerk **[111 F1]**
★ Kein Besuch im Cuxhavener Land ist vollständig ohne einen Ausflug zur Insel Neuwerk, die politisch zum Bundesland Hamburg gehört. Der Weg selbst ist das größte Erlebnis: Man erreicht die Insel entweder auf einer 10 km langen, geführten Wattwanderung, mit der Wattenkutsche von Duhnen und Sahlenburg aus oder per Schiff in 90-minütiger Fahrt ab Cuxhaven/Alte Liebe. Man kann die drei Reisearten auch miteinander kombinieren.

Die nur 3 km^2 große Insel in der Elbmündung ist Teil jenes niedersächsischen Marschenlandes, das im frühen Mittelalter in einer verheerenden Sturmflut unterging. 1299–1310 bauten die Hamburger darauf einen 45 m hohen *Turm* als Seezeichen, der heute der älteste erhaltene Leuchtturm der Welt ist. Über 138 Stufen kann man seine Aussichtsplattform besteigen; bereits in der ersten Etage liegt die gemütliche *Turmschenke (Tel. 04721/291 42, €€)*. Eine weitere Sehenswürdigkeit ist der *Friedhof der Namenlosen* nahe dem Beginn des Wattenweges nach Sahlenburg und Duhnen, auf dem jahrhundertelang angespülte Leichen beigesetzt wurden. Ein kleiner Badestrand ist im Norden der Insel zu finden, die Sie in einer Stunde Gehzeit bequem umrunden können.

Fürs leibliche Wohl sorgen auf Neuwerk mehrere Restaurants und Gartenlokale. Zum Übernachten stehen etwa 150 Gästebetten zur Verfügung. Ganzjährig geöffnet ist aber nur die *Pension Nige Hus (2 Gruppenräume für je 12 Pers., 3*

Der Weg ist das Ziel: Kutschfahrt durchs Watt nach Neuwerk

DZ und 4 Suiten, Tel. 04721/ 295 61, Fax 288 25, www.inselneuwerk.de, €–€€).

Schiffsfahrpläne, Adressen von Wattführern und Wattenwagenunternehmen sowie ein vollständiges Unterkunftsverzeichnis kann bei der Kurverwaltung Cuxhaven angefordert werden.

Nordholz **[112 A3]**

Die Gemeinde Nordholz (7300 Ew.) besteht aus sieben ehemals selbstständigen Ortschaften. Luftfahrtbegeisterte lockt das *Aeronauticum* (Insider Tipp) *(Peter-Strasser-Platz 3, Autobahnabfahrt Nordholz, Tel. 04741/ 94 10 74, www.aeronauticum.de, März–Juni und Sept./Okt. Mo–Sa 13–17, So 10–18 Uhr, Juli/Aug. tgl. 10–18 Uhr, 3,75 Euro)* am östlichen Ortsrand von Nordholz. In der Museumshalle wird die Geschichte der Zeppeline anschaulich, die nicht nur dem Personentransport dienten, sondern im Ersten Weltkrieg auch für Bombenabwürfe genutzt wurden. Eine kleinere Abteilung illustriert die Geschichte der Marinefliegerei. Im Außengelände sind zwei Hubschrauber der DDR-Volksmarine und zehn Originalflugzeuge von der DO-28 bis zum Starfighter zu sehen.

Amüsant gerät ein Besuch im *Kuriosen Muschelmuseum (Mühlenstr. 71, Tel. 04741/13 93, April bis Okt. Di–So 14–17 Uhr, Juli/ Aug. auch 10–12 Uhr, 1,50 Euro),* in dem der Berliner Dieter Schroeter etwa 2000 Muscheln und Meeresschnecken aus aller Welt zusammengetragen hat. Ihnen sind keine wissenschaftlichen Namen zugeordnet, sondern assoziative Titel, die zum Schmunzeln anregen.

Einen besonders schönen *Sielhafen,* (Insider Tipp) in dem noch sechs Krabbenkutter beheimatet sind, besitzt *Spieka-Neufeld.* Er ist nicht wie so viele andere verbaut und von Zement, sondern von grünen Weiden umgeben; vom Anleger bis zum Meer schwingt sich der Sielabfluss wie ein Fluss durchs Grün. Am Sielausgang steht das äußerlich sehr einfache *Containerrestaurant Ebbe und Flut (Tel. 04741/23 28, Mai–Sept. kein Ruhetag, €),* dessen Wirt frischen Fisch und Krabben in großen Portionen serviert. Gleich daneben beginnt der Grünbadestrand mit einigen wenigen Strandkörben und einer DLRG-Station.

Wer Trubel schätzt oder nackt baden will, fährt in den Nachbarort *Cappel-Neufeld (FKK-Strand mit Campingplatz, Tel. 04742/17 98).*

Einkaufsparadies im Felsenwatt

Der »rote Felsen im Meer« ist Deutschlands einzige Hochseeinsel

70 km vor der Festlandsküste ragt ein Buntsandsteinfelsen aus der Nordsee, der seine rötliche Farbe einem hohen Eisengehalt verdankt: Helgoland. 61 m ist er hoch, 2 km lang und bis zu 600 m breit. Zu Helgoland gehört auch die Düne genannte Nachbarinsel. Sie wurde 1721 durch eine Sturmflut abgetrennt und hat keine ständigen Bewohner. Für Helgoland ist sie wegen ihres Flugplatzes und ihres guten Sandstrandes von Bedeutung; außerdem sonnen sich hier neben den Badegästen auch über 350 Seehunde und Kegelrobben.

Die nur 1 km^2 große Hauptinsel mit ihren 1540 Einwohnern und die 0,7 km^2 große Düne ruhen auf einem über 5 km^2 großen Felssockel, der bis in eine Tiefe von 48 m reicht. Weite Teile des Sockels fallen bei Niedrigwasser trocken und bilden ein einzigartiges Felswatt mit einer besonders schützenswerten Flora und Fauna.

Die Insel gehörte zeitweise zu Schleswig und zu Dänemark, seit 1807 dann zu England. Der deutsche Kaiser Wilhelm II. tauschte sie

Die »Lange Anna« war noch bis vor 140 Jahren eine »runde Anna«: Erst die Nordsee machte sie so schlank

Mit der »Helgoland« nach Helgoland

gegen die Insel Sansibar vor der Küste Ostafrikas ein, sodass Helgoland 1890 ins Deutsche Reich eingegliedert werden konnte. Nun wurde es zu einem bedeutenden Marinestützpunkt und musste dafür in beiden Weltkriegen bitter bezahlen: 1945 zerstörten britische Bomben die Insel fast vollständig; weitere Schäden richteten britische Sprengversuche militärischer Anlagen und Bombenabwürfe zu Übungszwecken an. Erst 1952 konnte mit dem Anschluss an die Bundesrepublik der Wiederaufbau beginnen. Heute lebt die Insel vor allem vom Tourismus. Über 2200 Betten stehen Übernachtungsgästen zur Verfügung; bis zu 6000 Tagesgäste nutzen im Sommer die Möglichkeit, auf Helgoland steuerbegünstigt einkaufen zu können. **[110 A–B 1–2]**

INSELRUNDGANG FÜR TAGESBESUCHER

Die meisten Ausflugsschiffe müssen auf der Reede vor Anker gehen. Die Passagiere steigen dann in Börteboote um: offene Motorboote, die bis zu 50 Personen wacklige Steh- und Sitzplätze bieten. Katamarane legen hingegen im Südhafen an.

Vom Börtebootanleger bummeln Sie zunächst durch die Hauptstraße des Unterlands, den Lung Wai, zum Fahrstuhl oder zur 182-stufigen Treppe aufs Oberland. Sie können es auf einem etwa 3 km langen Klippenrandweg umrunden und kommen dabei auch an der Langen Anna und am Lummenfelsen vorbei.

SEHENSWERTES

Aquarium

Fische und anderes Meeresgetier aus der Nordsee, tote Hummer in allen Größen und ein enttäuschend kleines und trübes Seehundbecken. *Institut für Meeresbiologie, Kurpromenade, Tel. 04725/81 90, Mo–Fr 10–17, Sa/So 13–16 Uhr, 2,60 Euro*

Bunker

Ein Besuch in den Felsbunkern aus dem Zweiten Weltkrieg ist nur im Rahmen von Führungen möglich. *Mai–September 3-mal wöchentlich, Auskunft: Helgoland Touristic GmbH*

Fallersleben-Denkmal

Die Büste des Hoffmann von Fallersleben (1798–1874) erinnert daran, dass der Dichter 1841 auf Helgoland den Text des Deutschlandlieds schrieb, dessen dritte Strophe zur deutschen Nationalhymne wurde. *Am Beginn des Börtebootanlegers*

Friedhof der Namenlosen

Mitten in den Dünen von Helgolands Badeinsel haben die Helgoländer schon seit langer Zeit Menschen in Seesäcken beigesetzt, deren Leichen vom Meer angespült worden waren.

Hummerbuden

Reihen farbenfroh gestrichener, kleiner, zweigeschossiger Buden säumen den Weg zum Südhafen. Die ehemaligen Fischerhütten beherbergen heute das Standesamt, Kunstgalerien und Geschäfte.

Einst Fischerhütten, heute Geschäfte und Cafés: die bunten Hummerbuden

MARCO POLO Highlights »Helgoland«

★ **Lange Anna**
Das Wahrzeichen Helgolands aus Buntsandstein ist in Gefahr (Seite 83)

★ **Lummenfelsen**
Erleben Sie den Lummensprung am Nistplatz der Alken (Seite 83)

Lange Anna

★ Der 48 m hohe, frei stehende Felsen unmittelbar vor der Küste war bis 1860 durch einen natürlichen Felsbogen mit der Insel verbunden. Solche Tore hatte die Brandung immer wieder in die Felsen geschlagen, und immer wieder waren sie eingebrochen. Um das völlige Verschwinden des Helgoländer Wahrzeichens zu verhindern, baute man eine 1300 m lange Uferschutzmauer, die leider keine optische Zierde ist. Sie reicht aber nicht mehr aus, neue Schutzmaßnahmen werden diskutiert.

Lummenfelsen

★ Der Lummenfelsen ist Deutschlands kleinstes Naturschutzgebiet. Zwischen Mitte April und Juli nisten hier etwa 2500 Trottellummen-Brutpaare auf extrem schmalen Felsbändern. Jedes Weibchen dieser Alkenart legt nur ein Ei, das so geformt ist, dass es nicht herunterrollen kann. Noch bevor die Jungvögel flügge sind, springen sie vom Felsen ins Meer. Diesen einzigartigen »Lummensprung« können Sie von Anfang Juni bis Juli jeweils in der Abenddämmerung am Lummenfelsen erleben. Zu den Lummen gesellten sich im letzten Jahrzehnt zahlreiche Basstölpel als Brutvögel hinzu. Am besten informieren Sie sich zuvor in der *Lummenfelsausstellung* Insider Tipp *(Hummerbude 35, tgl. 13.15–16 Uhr, Eintritt frei)* des Vereins Jordsand, der mehrmals wöchentlich auch Führungen am Lummenfelsen veranstaltet.

Vogelwarte

Die Vogelwarte auf dem Oberland widmet sich vor allem der Erforschung der Zugvögel und beringt zu diesem Zweck jedes Jahr im Frühjahr und Herbst etwa 15 000 der auf Helgoland rastenden Vögel. *Führungen 15. März–15. Okt. Di und Fr 16.30 Uhr, sonst nur nach Vereinbarung, Tel. 04725/306, Spende erbeten*

MUSEEN

Für Tagesausflügler lohnt der Besuch in den beiden Inselmuseen *(Fossilien- und Muschelmuseum, Friesenstr., Tel. 04725/12 61, Di–So 13–16 Uhr, 2 Euro, Kinder 0,50 Euro,* und *Museum Helgoland, Nordseehalle, Kurpromenade, Tel. 04725/12 92, tgl. 10–16 Uhr, 1,50 Euro)* nur bei sehr speziellem Interesse!

ESSEN & TRINKEN

Café Krebs

Terrassencafé mit Wintergarten, in dem kostenlos Ferngläser für

Die MARCO POLO Bitte

WWF

Marco Polo war der erste Weltreisende. Er reiste in friedlicher Absicht, verband Ost und West. Er wollte die Welt entdecken, fremde Kulturen kennen lernen, nicht zerstören. Könnte er heute für uns Reisende nicht Vorbild sein? Aufgeschlossen und friedlich sollte unsere Haltung auf Reisen sein. Dazu gehören auch Respekt vor Mensch und Tier und die Bewahrung der Umwelt.

die Gäste bereitliegen, um Reede und Düne genauer in Augenschein zu nehmen. Abends können Sie täglich um 20.30 ein Helgolandvideo sehen. *Norder Falm, Tel. 04725/213, Mo-Abend geschl., €€*

Düne Süd
Brasserie mit kleiner Speisekarte und großen Portionen, gutes Preis-Leistungs-Verhältnis. *Lung Wai 41, Tel. 04725/81 10 31, kein Ruhetag, €*

Galerie im Hotel Insulaner
Modern eingerichtetes Restaurant mit regionaler und saisonaler Küche, bekannt vor allem für seine Variationen vom Dorsch. *Am Südstrand 2, Tel. 04725/814 10, kein Ruhetag, €€*

Mocca-Stuben
Bistro und Feinschmeckerrestaurant mit französischem Koch. *Hinstgars 447, Tel. 04725/12 53, kein Ruhetag, €€€*

Windrose
Einfaches, kneipenähnliches Restaurant im Oberland, das abends Knieper (Scheren des Taschenkrebses) auch als kleine Portion zum Kennenlernen serviert. *Hingstgars 444, Tel. 04725/71 88, Mi geschl., €*

EINKAUFEN

Die Preise für Tabakwaren und Spirituosen sind weitgehend einheitlich; Preisunterschiede gibt es jedoch bei Parfums, Süßwaren und Butter. Zollfrei mitnehmen dürfen Personen über 16 Jahre u. a. 200 Zigaretten, 1 l Spirituosen über 22 Prozent, 5 kg Butter und 50 g Parfum.

ÜBERNACHTEN

Apartments
Bei längerem Aufenthalt sind Apartments preisgünstiger als Hotels. *Buchung über die Helgoland Touristic GmbH*

Atoll Insider Tipp
1999 eröffnetes Designerhotel im Stadtzentrum, Gourmetrestaurant, Schwimmbad und Sauna im Haus. *51 Zi., Lung Wai 27, Tel. 04725/80 00, Fax 80 04 44, www.atoll.de, €€€*

Dünenblick
Die Pension liegt zentral und dennoch ruhig an der Uferpromenade zwischen dem Börtebootanleger und dem Aquarium. *10 Zi., Prof.-Heinke-Str. 30, Tel. 04725/813 50,*

Fax 81 35 25, duenenblick@t-online.de, €€

Helgoland/Schwan
Zwei unmittelbar aneinander gebaute Hotels unter gleicher Leitung, ganz zentral gelegen. Betten mit Überlänge, Bar und Restaurant im Haus. *31 Zi., Am Südstrand 16–17, Tel. 04725/815 30, Fax 81 53 55, www.helgoland-schwan.de, €€€*

Hüs Weeterkant
Hotel garni an der Uferpromenade; besonders blumenreiche Frühstücksterrasse auf der Seeseite. Sauna im Haus. *12 Zi., Am Südstrand 5, Tel. 04725/81 70, Fax 817 17, www.weeterkant.de, €€€*

Insulaner
Das Haus auf der Südseite der Insel besitzt einen eigenen, heckenumwucherten Garten; die Inhaberfamilie bemüht sich sehr um ihre Gäste. *36 Zi., Am Südstrand 2, Tel. 04725/814 10, Fax 81 41 81, www.insulaner.com, €€€*

Privatzimmer
Wer weniger als 25 Euro pro Person ausgeben will, wählt angesichts des hohen Preisniveaus ein Privatzimmer (ab 13 Euro pro Person). *Vermittlung durch die Helgoland Touristic GmbH*

AM ABEND

Normale Kneipen, die auch Einheimische schätzen, sind *Bei Didi (Siemens-Terrasse 148)* und *Bunte Kuh (Hummerbude 29)*. Zum Tanzen geht man in die *Tanzbar Krebs (tgl. 20–4 Uhr)* über dem gleichnamigen Café im Oberland oder in die *Tanzbar Acci (21–4 Uhr)* neben dem Aquarium.

AUSKUNFT

Helgoland Touristic GmbH
Auch Zimmervermittlung, Fahrkarten- und Flugticketverkauf sowie Karten für Veranstaltungen. *Im Rathaus, Lung Wai 28, 27498 Helgoland, Tel. 04725/81 37 13, Fax 81 37 25, www.helgoland.de*

Klaus Störtebeker

Der legendäre Freibeuter hatte sein Sommerquartier auf Helgoland

Seeräuber machten den Kaufleuten der Hanse immer das Leben schwer. Um 1400 trieben es die Likedeeler besonders toll. Unter ihrem Anführer Klaus Störtebeker lauerten sie den Hamburger Kauffahrern in der Elbmündung vor der Insel Neuwerk auf. Ihr sommerlicher Stützpunkt war Helgoland; im Winter zogen sie sich nach Marienhafe in Ostfriesland zurück. Helgoländer und Ostfriesen profitierten davon nicht schlecht, denn für ihre Versorgung zahlten die Piraten gut mit Beutegut wie Stoffen oder Bier. Den üppigen Rest teilten sie gleichmäßig unter sich auf – daher der Name Likedeeler (Gleichteiler).

Zu Fuß und per Rad durch den Nordwesten

Die Touren sind in der Karte auf dem hinteren Umschlag und im Reiseatlas ab Seite 108 grün markiert

1 KREUZ UND QUER DURCH DIE KRUMMHÖRN

Die Krummhörn ist mit ihren alten Dörfern und vielen Wasserläufen eine der schönsten Landschaften Nordwestdeutschlands. Diese Radtour führt Sie knapp 25 km weit über kleine Nebenstraßen und Wirtschaftswege; unterwegs bieten sich immer wieder Möglichkeiten zur Rast in kleinen Dorfgasthäusern und schönen Cafés. Einen ganzen Tag sollten Sie sich darum für diese Tour Zeit lassen.

Ausgangspunkt ist das schöne *Greetsiel (S. 47)*. Fahren Sie vom Haus der Kurverwaltung die Straße Zur Hauener Hooge entlang westwärts. Kurz hinter dem Ende der Ortsbebauung erreichen Sie den Deich. Ihm folgen Sie jetzt bis zu Otto Waalkes' rotgelbem *Pilsumer Leuchtturm*. Er liegt ziemlich genau auf dem »Ossi-Äquator« von 53 Grad 30 Minuten nördlicher Breite, der Ostfriesland in der Mitte durchschneidet. Etwa 1750 m weiter biegen Sie links in die kleine Straße Zum Diekssiel ein, die Sie durch den Windenergiepark Krummhörn ins Zentrum von *Pilsum* bringt. Der schiefe Vierungsturm der *Kreuzkirche (Führungen Di und Do 11 Uhr)* des idyllischen Warfendorfes ist weithin zu sehen. Nach der Besichtigung des Ortes geht es auf der Hauptstraße, der Neu-Etumer-Straße, in südlicher Richtung weiter an Neu-Etum vorbei. Hinter dem Ortsende biegen Sie nach links in den Ackerburger Weg ein, der Sie ins Warfendorf *Visquard* mit seiner im Kern schon aus dem 13. Jh. stammenden Kirche bringt *(Schlüssel in der Pastorei neben der Kirche)*.

Verlassen sie Visquard in Richtung Süden und biegen nach etwa 1 km links in die Ubbo-Emmius-Straße ein, so kommen Sie nach *Pewsum*. Sehenswert ist die *Manningaburg* im Ortszentrum, eine überwiegend gelb getünchte, winzige Wasserburg aus dem 15. Jh.

Einen Hauch Romantik verströmt Greetsiel mit historischen Häuserzeilen aus dem 17. und 18. Jh.

Heute ist darin ein *Burgmuseum* untergebracht *(Tel. 04923/74 32, Mitte Mai–Mitte Okt. Di/Do 10 bis 12.30 und 15–17, Sa/So 15.30 bis 17.30 Uhr, 1 Euro).* Weiterhin wartet Pewsum mit einem *Mühlenmuseum (gleiche Öffnungszeiten, 1 Euro)* und der *Nikolaikirche* aus dem 13./15. Jh. auf. Nach der Besichtigung des Ortzentrums bringt Sie die Cirksenastraße aus dem Ort hinaus. Hinter dem Ortsende biegen Sie links in den Bettenwehrster Weg ein, überqueren das Neue Greetsieler Sieltief und gelangen schließlich nach *Uttum* mit seiner um 1250 gegründeten, später aber mehrfach veränderten Kirche. Von hier aus bringt Sie die Jennelter Straße ins kleine Dorf *Jennelt* mit seiner Kirche, deren ältester Teil der 700 Jahre alte Turm ist. Von hier ist es nur noch 1 km bis nach *Eilsum* mit einem in Norddeutschland einzigartigen, 750 Jahre alten Kirchturm und wertvollen Wandmalereien im Kircheninnern *(Kirchenschlüssel im Spar-Markt Brands, Brückstr. 1).* Von Eilsum kehren Sie dann über die Greetsieler Straße nach Greetsiel zurück.

2 AUF DER DEUTSCHEN SIELROUTE DURCH BUTJADINGEN

Dieser 1998 geschaffene Radfernweg führt ohne jede nennenswerte Steigung über 200 km als Rundkurs durch das Land zwischen Weser und Jadebusen, streift dabei den Stadtrand von Bremen und durchquert auch die Weserstädte Brake und Nordenham. Die hier beschriebene Rundfahrt durch Butjadingen ist gut 40 km lang und durchweg gut ausgeschildert. Startpunkt ist Tossens, wo ebenso wie in Burhave auch Fahrräder ausgeliehen werden können.

Von *Tossens* bis Ruhwarden folgt die Deutsche Sielroute zunächst dem Verlauf der Hauptstraße. Hier geht es dann links ab in Richtung Deich, dem Sie bis hinter Fedderwarderdeich wahlweise binnen oder buten, also land- oder meerseitig, folgen können. *Fedderwardersiel (S. 56)* lohnt dann eine erste, längere Pause. Von dort geht es binnenseitig am Deich entlang weiter nach Burhave und Burhaversiel. Hier verlassen Sie die Deutsche Sielroute und biegen landeinwärts nach Sillens ab. Auf schmaler Straße geht es weiter zum Stollhammer Mitteldeich, dem Sie 200 m weit nach links folgen. Dann biegen Sie rechts ab und gelangen so nach *Stollhamm.* In Stollhammerdeich erreichen Sie wieder die Sielroute, die ein kurzes Stück der Hauptstraße folgt und dann nach links zum Deich führt, an dem Sie nun landseitig bis *Eckwarderhörne (S. 55)* entlangradeln. Beim Eckwarder Siel lohnt es sich, den Deich zu besteigen und einen weiten Blick über den Jadebusen und das Butjadinger Land zu werfen. Von Eckwarderhörne geht es schließlich immer am Deich entlang zurück nach Tossens.

Auskunft: *Informationsbüro Deutsche Sielroute, Strandallee 61, Nordseebad Burhave, 26969 Butjadingen, Tel. 04733/92 93 94, Fax 92 93 99, www.deutsche-sielroute.de.* »Radler-Lust auf die Wesermarsch« heißt ein sehr guter Reise- und Routenführer mit detaillierten Karten für die gesamte Deutsche Sielroute, der für 2,60 Euro bei den Butjadinger Touristinformationen erhältlich ist.

3 RUNDTOUR AB CUXHAVEN

Diese etwa 45 km lange Rundtour können Sie in Döse ebenso beginnen wie in Duhnen. In beiden Ortsteilen gibt es mehrere Fahrradvermieter, die sogar sonntags schon ab 9 Uhr geöffnet haben. Ihr Weg führt Sie vor und hinter Deichen entlang, durch Mischwald und Felder, Dörfer und einige Randgebiete der Stadt. Der Weg ist zwar nicht vorbildlich ausgeschildert, aber bei etwas Aufmerksamkeit werden Sie sich nicht verfahren. Inklusive Besichtigungen sollten Sie etwa sechs bis sieben Stunden veranschlagen; gute Möglichkeiten zum Mittagessen bieten sich in Nordholz und Lüdingworth.

Fahren Sie durch *Duhnen* auf der Cuxhavener Straße am Meerwasser-Brandungshallenbad vorbei, und biegen Sie danach rechts in den Wehrbergsweg ab, der Sie an den Deich bringt, dem Sie nach links folgen. Später führt der Weg auf den Deich hinauf und kurz darauf ins Deichvorland. Draußen im Wattenmeer ist meist deutlich die Insel Neuwerk zu sehen. In *Sahlenburg* bleiben Sie auf der Uferstraße, bis links das große Waldgebiet des *Wernerwaldes* beginnt. Hier biegen Sie auf die Asphaltstraße nach links und nehmen sogleich den parallel zur Straße verlaufenden Waldweg. Wo die Asphaltstraße den Waldrand verlässt und nach links schwenkt, stößt Ihr Waldweg auf einen anderen Waldweg, dem Sie nun durch den Wernerwald folgen. (Das Verkehrsschild »Durchfahrt für Fahrzeuge aller Art verboten« können Sie getrost missachten, denn von der anderen Seite her hängt darunter der Zusatz »außer für Fahrräder«, der hier offensichtlich vergessen wurde.)

Nach knapp 15 Minuten verlässt der Weg an einem *Bioland-Hofladen (Di und Fr 15–18, Sa 10 bis 12.30 Uhr)* den Wernerwald. Jetzt geht es auf schmalen, wenig befahrenen Asphaltstraßen nach Arensch und dann nach Berensch.

In *Berensch* passieren Sie die Zimmervermittlung. Wenig später

Fahrräder: ideale Fortbewegungsmittel für die Erkundung des Hinterlands

biegen Sie nach rechts in die Straße Eschenhörn ein und dann gleich links in die Spieka-Neufelder Straße. Ihr folgen Sie nun. An einer ersten Gabelung ignorieren Sie den kleinen Fahrradwegweiser, der Sie geradeaus weiter nach Oxstedt schicken will. Sie bleiben auf der breiteren Straße, die bald den Deich erreicht. Lassen Sie Ihr Rad am ersten Deichtreppenübergang stehen, und schauen Sie übers hier weite Deichvorland auf die Wesermündung.

Kurz darauf erreichen Sie eine weitere Gabelung, an der vor und hinter einem winzigen, bewaldeten Hügelchen Ruhebänke stehen. Sie fahren an der Gabelung geradeaus und überqueren nach etwa 400 m auf einer kleinen Brücke einen Graben. Biegen Sie an der zweiten Abzweigung dahinter nach links ab, dann kommen Sie am Golfplatz Hohe Klint vorbei ins Dorf *Oxstedt.* Dort überqueren Sie die Hauptstraße, fahren ein kurzes Stück auf der Straße Am Möhlendiek weiter und biegen dann nach rechts in die Straße Am Weddel ab.

Sobald Sie das Ortsschild von *Nordholz (S. 79)* erreicht haben, biegen Sie links in den Oxstedter Weg ein. Er mündet auf eine asphaltierte Querstraße, der Sie am Schulzentrum vorbei nach rechts folgen; dann biegen Sie nach links in die Schulstraße ab. Sie kommen auf eine Hauptstraße, der Sie am Rathaus vorbei nach links folgen. Auf dieser Hauptstraße überqueren Sie Eisenbahnschienen und gelangen nach etwa sieben Minuten zum *Aeronauticum* von Nordholz, einer der größten Sehenswürdigkeiten der Region, wo Sie auch preiswert Getränke erhalten.

Vom Aeronauticum nehmen Sie die Hauptstraße in Richtung Altenwalde/Cuxhaven. Am grünen Ortsschild von *Altenwalde* folgen Sie dem Wegweiser nach rechts in Richtung Gudendorf durch den Kapellenweg. Links der Straße liegt bald ein jungsteinzeitliches Grab, das durch eine Tafel erklärt wird. Der Kapellenweg setzt sich durch Franzenburg fort und mündet dort auf die Straße nach *Lüdingworth* mit seiner sehenswerten Kirche.

Anschließend geht es auf der Straße, die Sie gekommen sind, zurück bis unmittelbar vor die Autobahnbrücke. Hier biegen Sie nach rechts in den idyllischen Wetternweg ein, an dessen rechter Seite vom Spätsommer an ein lang gestrecktes Feld voller Grün-, Weiß- und Rosenkohl das Auge erfreut. Wo dieser Weg dann wieder auf Asphalt mündet, biegen Sie links auf diese Straße ein, überqueren die Autobahn und eine Eisenbahnlinie und stoßen schließlich auf die B 73, der Sie nach rechts nach Cuxhaven hinein folgen. Auf Höhe des Schlosses Ritzenbüttel biegt nach links die Westerwischer Straße ab, die Sie über Westerwisch nach *Stickenbüttel* mit einem sehenswerten *Wrackmuseum (S. 77)* bringt. Von dort kehren Sie den Wegweisern folgend nach Döse oder Duhnen zurück.

4 SPAZIERGANG UMS EWIGE MEER

In den meisten norddeutschen Mooren wird die schaurige Stimmung, die Annette von Droste-Hülshoff in ihrer Ballade »Der Knabe im Moor« so gut vermittelt, kaum noch spürbar. Anders ist das bei ei-

Ein einzigartiges Ökotop: die Moorlandschaft um den Moorsee Ewiges Meer

nem 45-minütigen Spaziergang ans Ewige Meer nordwestlich von Aurich – und das besonders an einem trüben, regnerischen Tag.

Das *Ewige Meer* ist Deutschlands größter Hochmoorsee. Er entstand vor etwa 8000 Jahren, als sich zwischen langsam zusammenwachsenden Hochmooren eine Mulde bildete, in die Wasser einfloss. Im braunen, säurereichen Wasser des etwa 90 ha großen und 1,8 m tiefen Sees ist kaum Leben möglich, doch das schilfumsäumte Ufer ist voll davon. In der Moorlandschaft um den See gedeihen viele seltene Pflanzen wie Rausch- und Moorbeere, und sogar Rehe und Füchse sind hier heimisch.

Ein uriger, als Naturlehrpfad gestalteter Holzbohlenweg führt in einer halben Stunde an den See und durch dieses außergewöhnlich schöne Naturschutzgebiet. Die Zufahrt ist vom Ort Eversmeer her ausgeschildert. Noch weitaus erlebnisreicher ist eine der zwei- oder fünfstündigen Führungen, die an vielen Tagen im Jahr bei jedem Wetter angeboten werden. Auskunft geben *Horst und Okko Reichwein (Mittelgast 2, 26556 Westerholt, Tel. 04975/295).*

Insider Tipp

5 LEHRWANDERUNG DURCH SALZWIESEN

Bei Carolinensiel in Ostfriesland haben Naturfreunde auf einem 3,2 km langen Lehrpfad Gelegenheit, die Besonderheiten von Salzwiesen kennen zu lernen.

Das Deichvorland des schon 1894/95 zur Landgewinnung eingedeichten Elisabeth-Außengrodens zwischen *Harlesiel* (*S. 31*) und Schillig bildet eine der größten zusammenhängenden Salzwiesen an der Nordseeküste mit besonders vielfältiger Tier- und Pflanzenwelt. Der Lehrpfad (mit blauweißen Schildern und Pfählen mit grünem Kopf markiert) beginnt direkt am Deich beim östlichen Parkplatz von Harlesiel. Interessante Führungen durch den Elisabeth-Außengroden werden auch vom Nationalparkhaus in Carolinensiel angeboten *(Auskunft über Termine Tel. 04464/84 03).*

Insider Tipp

H
383

Die Nase im Wind, die Füße im Schlick

Besonders attraktiv sind Ostfriesland und die Nordseeküste für Rad- und Wattwanderer

Die Gezeiten verhindern mit ihrem ständigen Kommen und Gehen, dass sich Wassersportler so entfalten können wie etwa am Mittelmeer. Ausgleich dafür schaffen die vielen Möglichkeiten zu sportlicher Betätigung im Binnenland und die vielfältigen Freizeitangebote vieler Kurverwaltungen.

ANGELN

Wer eine Sportfischerprüfung nachweisen kann, darf in den Binnengewässern angeln. Angelscheine geben die Kurverwaltungen oder die Gewässerpächter aus. Das Angeln in der Nordsee ist jedermann gestattet. Überdurchschnittlich professionell gestaltete Hochseeangelfahrten (Insider Tipp) werden im Sommer täglich von Hooksiel aus angeboten. Die maximal 45 Teilnehmer bleiben dabei acht bis zehn Stunden auf See. *Reederei Elbeplan, Tel. 04425/17 37*

BOULE & PÉTANQUE

In Wilhelmshaven liegt unter altem Baumbestand neben einem alten Bauernhaus das abends beleuchtete Spielgelände des *Pétanque-Club Ruscherei Wilhelmshaven e.V.* Gäste sind willkommen. *Ubbostr. 1, Tel. 04421/851 91, Di und Do ab 19 Uhr, So ab 10 Uhr*

Wer noch nicht segeln kann, hat an der Nordseeküste Gelegenheit, es in einem Ferienkurs zu lernen

GOLF

In Küstennähe gibt es mehrere gute Golfplätze, die auch Gäste aufnehmen, u. a.: *Golfclub Wilhelmshaven, Fedderwarden (Autobahnausfahrt 4), Tel. 04423/98 59 18, Fax 98 59 17, www.golfclub-wilhelmshaven.de; Golfclub Hohe Klingt, Cuxhaven-Oxstedt, Tel. 04723/27 37*

INLINESKATING & SKATEBOARDFAHREN

Eine Aktionshalle für Inliner und Skateboarder steht in Aurich: das *Inline Center, Finkenburgweg 9, Tel. 04941/18 08 10.* Inlinekurse veranstaltet die *Erste Cuxhavener Inline-Skate-Schule* im Fun Park hinter dem Fährhafengebäude, *Tel. 04721/59 97 99*

KANU- & KAJAKVERLEIH

Wandereiner und -zweier, Seekajaks und Kanadier für mehrtägige

Fahrten auf Frieslands und Ostfrieslands Wasserläufen vermietet *Unterwegs (Nordseepassage, Wilhelmshaven, Tel. 04421/99 42 87, Fax 99 42 88).*

RADWANDERN

Zwischen Elbe und Ems gibt es eine Vielzahl gut markierter Radwanderrouten und viele Radwege. In fast jedem Ferienort können Fahrräder ab 4 Euro pro Tag bzw. 20 Euro pro Woche gemietet werden. Die längste aller Radwanderrouten ist der Europäische Küstenwanderweg rund um die Nordsee. Davon liegen 907 km in Deutschland. Dazu gibt es eine exzellente Website mit vielen Links: *www.northsea-cycle.com.* Infos auch bei *Die Nordsee GmbH (Tel. 018 05 06 60 77).*

Durch Ostfriesland führen die 290 km lange Friesenroute und die 250 km lange Friesische Mühlentour. Beschrieben werden sie und eine Reihe von Tagestouren in Ostfriesland in der Insider Tipp Broschüre »Rad up Pad«. Sie ist kostenlos erhältlich von *Ostfriesland-Touristik (Rheinstr. 13, 26506 Norden, Tel. 04931/938 32 00, Fax 939 32 19, www.ostfriesland.de).* Über alle wichtigen Radrouten im Gebiet zwischen Weser und Ems informiert *www.fahrradurlaub.net.*

REITEN

Reiterhöfe und Reitställe gibt es in großer Zahl. Die Adressen finden Sie in den Ortsprospekten. Eine Besonderheit ist das Insider Tipp therapeutische Reiten (Hippotherapie), angeboten von *Elke Morisse (Osterbultsweg 2, Butjadingen-Hollwarden, Tel. 04733/230).*

SCHWIMMBÄDER

Fast alle Ferienorte entlang der Küste haben ein Hallenbad, viele auch ein Freibad. Besonders schön ist das *Rio Grande (Strandallee 36 a, Tel. 04736/92 80, tgl. 10–20, Sauna 14 bis 19 Uhr, Tageskarte 15 Euro, Kinder 11,50 Euro, Sauna 12 Euro zusätzlich)* im Upstalsboom Nordsee Tropen Parc in Tossens/Butjadingen, ein subtropisches Badeparadies mit Innen- und Außenbereich, 96 m langer Riesenrutsche, Sauna und Brandungswellen. Eine Besonderheit ist auch das *DanGastQuellbad (Kurzentrum Dangast, Tel. 04451/91 14 41, tgl. 9–21 Uhr, Eintritt für 3,5 Std. 3,60 Euro, Kinder 1,80 Euro)* mit solehaltigem Wasser aus über 400 m Tiefe, Strömungskanal, 75 m langer Riesenrutsche und Dampfsauna. Das neueste Erlebnisbad mit Meerwasser-Wellenbecken, 95 m langer Rutsche, Wasserfall und großer Saunalandschaft entsteht in *Norddeich.* Es wird im Frühjahr 2003 eröffnet.

SEGELN

Fünf- bis zehntägige Kurse bieten die *Segelschule Wilhelmshaven (Tel. 04421/99 42 14, Fax 99 42 15, www.nordsee-segelschule.de)* und die *Wassersportschule Tossens (Tel. 04736/584, www.wassersportschule-tossens.de).* Wochenendkurse für Inhaber von Sportbootführerscheinen ohne Wattenmeererfahrung offeriert die *Nordsee Segelschule Hooksiel (Tel./Fax 04425/17 60, www.segelschule-hooksiel.de).* Wer eine Yacht chartern möchte oder eine Mitsegelgelegenheit sucht, wendet sich z. B. an *EGO Yachtcharter (Marco-Polo-Str. 15, Wilhelmshaven,*

Watt mutt, dat mutt: Eine Wattwanderung ist Pflicht

Tel. 04421/99 82 00, Fax 99 82 01, www.ego-online.de).

WASSERSKI

Die einzige Gelegenheit zum Wasserskifahren bietet Hooksiel. Hier werden Sie nicht von einem Motorboot, sondern von einem rasenden Lift übers Wasser gezogen. *Am Binnentief (bei der Werft), Tel. 04425/16 48, www.wasserskilift-hooksiel.de, Osterferien–Okt. tgl. 10–22 Uhr, Preise zwischen 17 und 28 Euro*

WATTWANDERUNGEN

Wattwanderungen mit lizenzierten Führern werden in den meisten Küstenorten angeboten. Besonders Insider Tipp erlebnisreich sind die Wattwanderungen von Cuxhaven-Duhnen zur Insel Neuwerk, von Harlesiel zur Insel Spiekeroog, von Neßmersiel zur Insel Baltrum, von Norddeich zur Insel Norderney und von Bensersiel zur Insel Langeoog. Auskunft über die Wanderungen zu den Ostfriesischen Inseln bei Wattführer *Martin Rieken (Tel. 04941/82 60, www.wattfuehrer-rieken.de).*

WELLNESS

In vielen Ferienorten gibt es Wellnessangebote. So zahlt man beispielsweise für ein Wellnesspaket mit einer Ganz-, einer Fußreflexzonenmassage und einem Soleperlbad in Dornumersiel 40 Euro. Auskunft in den Ortsprospekten.

WINDSURFEN

Zum Surfen ist das Wattenmeer wegen der starken Gezeitenströmungen nur bedingt geeignet. Windsurfstationen, die auch Unterricht anbieten, sind z. B. *Happy Surf (Norddeich, im Strandbad, Tel. 04942/50 96); Surfschule Heeren (Hooksiel, Am Binnentief, Büro Flutstr. 125 in Wilhelmshaven, Tel. 04421/519 01); Surfschule Funny Windy (Cuxhaven-Sahlenburg, am Strand, Tel. 0172/599 44 99).*

Abenteuer für kleine und große Leute

Die besten Ideen für Aktivitäten mit der ganzen Familie, bei denen der Spaß der Kleinen ganz groß ist

Die niedersächsische Nordseeküste ist ein wahres Kinderparadies. Hier gibt es den sprichwörtlichen Sand am Meer und dazu zahlreiche Uferwiesen, auf denen es sich prächtig herumtollen lässt. In vielen Ferienorten veranstalten Kurverwaltung oder Verkehrsverein Aktionsprogramme für Kinder, fast überall gibt es Hallenbäder, Spielplätze und Spielmöglichkeiten unter wetterfesten Dächern. Restaurants und Gastgeber sind auf Kinder eingestellt, die Fahrradvermieter halten außer Rädern für die Kleinen oft auch Bollerwagen bereit, in denen sie sich von den Großen (oder den größeren Geschwistern) ziehen lassen können. Darüber hinaus gibt es eine Reihe von Attraktionen, die auch Kinder zu begeisterten Tagesausflüglern werden lassen.

Im Leda-Verlag in Leer sind zwei Kinderbücher erschienen, die die Kleinen literarisch mit den Eigenheiten ihrer Urlaubswelt bekannt machen. Der Autor Bernd Flessner und sein Illustrator Peter Pabst stellen Lükko, den wahrscheinlich kleinsten Leuchtturm der Welt, in den Mittelpunkt ihrer

Ausflug auf die Inseln: ein Programm, das Großen und Kleinen Spaß macht

Geschichten, die unter dem Titel »Lükko Leuchtturm und das Rätsel der Sandbank« erschienen sind. Erik Bedijs hat für die etwas älteren Kinder den Krimi »Das Fahrrad mit der Nummer 13« geschrieben, der auf einer Nordseeinsel namens Middeloog spielt. Moderne Kinderlieder hat die ostfriesische Gruppe Spillwark auf der CD »Weihnachten mit Lükko Leuchtturm« herausgebracht, die ebenfalls über den Leda-Verlag zu beziehen ist.

OSTFRIESLAND

Freizeitpark Lütge Land Altfunnixsiel **[110 B4]**
Hauptattraktion sind 46 Modelle bekannter historischer Bauwerke Deutschlands im Maßstab 1:25. Das Angebot an Fahrgeschäften ist mit dem großer Freizeitparks nicht zu vergleichen, dürfte kleineren Kindern aber durchaus Spaß machen. *Friesenkamp, Tel. 04464/17 44, April–Okt. tgl. 9–19 Uhr, 7 Euro, Kinder 6 Euro*

Haustierpark Werdum **[110 A4]**
Unmittelbar neben dem Haus des Gastes in Werdum liegt dieser kleine Haustierpark mit seltenen und kuriosen Tierarten, in dem exzellente

Bronzepute? Bartkaninchen? Protestschwein? Wir tippen auf Letzteres

Schrifttafeln Eltern aus Erklärungsnöten helfen. Zu sehen und manchmal auch zu streicheln sind so eigenartige Lebewesen wie Protest-und Wollschweine, Bronzeputen, Angoraziegen und Belgische Bartkaninchen. *Wetter- und saisonabhängig geöffnet, meist 9–18 Uhr, Eintritt frei*

Jumicar-Verkehrsübungsplatz Wittmund **[110 B5]**
Auf dem Platz am Stadtrand von Wittmund können kleine Kinder mit echten Miniaturautos im Mofatempo über die Straßen fahren. Dabei lernen sie vielleicht auch spielerisch ein paar Verkehrsregeln kennen. *Barghamm 11, Gewerbegebiet Ost, Tel. 04462/234 76, Öffnungszeiten und Preise bei Redaktionsschluss wegen Pächterwechsels noch nicht bekannt*

Insider Tipp
Miraculum Mach-Mit-Museum Aurich **[109 F4]**
Hier können Kinder vieles selbst künstlerisch gestalten, zukünftige Ausstellungsobjekte herstellen und aktuelle Ausstellungen mit allen Sinnen erleben. *Burgstr. 25, Tel. 04941/18 00 89, www.miraculum-aurich.de, Di–Fr 13–18, Sa/So 11 bis 17 Uhr, 3,50 Euro, Familienkarte 10 Euro*

Spielzeugmuseum Dat ole Huus von 1866 in Carolinensiel **[110 B3–4]**
Hier können Ihre Kinder sehen, womit Kinder früher spielten: Puppen, Teddybären und allerlei Blechspielzeug. *Wittmunder Str. 6, Tel. 04464/12 60, Mo, Di, Do, Fr 10 bis 12 und 15–18, Mi und Sa 10–13 Uhr, 1,50 Euro, Kinder 0,50 Euro*

FRIESLAND, JADEBUSEN, BUTJADINGEN

Butjadinger Spielscheune Burhave **[111 E5]**
Besonders stolz sind die Butjadinger Touristiker auf eine große, nicht sonderlich schöne, aber helle Halle,

in der sich Kinder so richtig austoben können: Kletterpyramide, Riesenrutsche, Trampolin und eine große Sandkiste stehen zur Verfügung, für die Eltern gibt es eine Cafeteria. *Strandstr., tgl. 10–18 (in den Sommerferien bis 20) Uhr, 2,50 Euro, mit Kurkarte 2 Euro*

Piratenmuseum Wilhelmshaven **[111 D6]**
Hier wird die Welt des legendären Seeräubers Klaus Störtebeker unterhaltsam lebendig. *Ebertstr. 88 a, Tel. 04421/40 97 79, Ende März–Anfang Nov. tgl. 11–17 Uhr, Mitte Nov.–Mitte März Sa/So 11–17 Uhr, 3 Euro, Jugendliche 2 Euro, Kinder 1 Euro, Familienkarte 6 Euro*

Krabbenkutter Daggi **[111 D6]**
Im Wattenmeerhaus in Wilhelmshaven darf der alte Krabbenkutter Daggi nicht nur von außen betrachtet, sondern auch geentert werden. Kinder können hier selbst das Steuer in die Hand nehmen und das Rüttelsieb der Krabbenfischer bewegen. *Südstrand 110 b, Tel. 04421/910 70, April–Okt. tgl. 10–18, Nov. bis März Di–So 10–17 Uhr, 5,10 Euro, Jugendliche 3,60 Euro, Familienkarte 6,20 Euro*

Bullermeck-Spielscheune Hooksiel **[111 C4]**
Hier stehen zahlreiche Sport- und Spielgeräte, von denen man zumeist einen Blick auf den Hafen und die Nordsee hat. *Außenhafen Hooksiel (Schleuse 3), Tel. 04425/14 44, tgl. 10–18 Uhr, 4 Euro, Kinder 5 Euro*

Tier- und Freizeitpark Jaderberg **[115 D3]**
Außer 500 Tieren wie Affen, Nasenbären und Schlangen bietet der Park auch Fahrgeschäfte für Kinder, darunter eine Achter- und eine Wildwasserbahn. *Tiergartenstr. 69, Tel. 04454/911 30, www.jaderpark.de, Mitte März–Anfang Nov. tgl. 9–18 Uhr, 10 Euro, Kinder 8 Euro*

ZWISCHEN WESER UND ELBE

Phänomenta Bremerhaven **[112 A5]**
In dieser Ausstellung können Kinder (und Erwachsene) 32 seltsame Phänomene aus Natur und Technik kennen lernen. Sie gibt aber keine Erklärungen von der Stange, sondern regt zu Diskussionen an. Hier werfen die Besucher farbige Schatten, da rollt ein Fass wie ein Bumerang zum Anstoßgeber zurück, dort löscht ein Trommelschlag durch seine Schallwellen eine Kerze aus. Da gerät man durch ganz einfache Experimente immer wieder ins Staunen. *Karlsburg 9, Tel. 0471/41 30 81, Di–So 11–17 Uhr, 2,60 Euro, Kinder 1,30 Euro*

Minizüge Cuxhaven **[112 A2]**
Offene Strandbahnen auf Gummirädern verbinden von April bis Oktober die Alte Liebe mit dem Strandbad Kugelbake und die Kugelbake mit dem Duhner FKK-Strand. Ein dritter Miniaturzug fährt von der Alten Liebe aus auf einstündige Stadt- und Hafenrundfahrten mit sachkundigen Kommentaren.

Piratenfahrten Cuxhaven **[112 A2]**
An Bord wird ein »piratenmäßiges« Animations- und Unterhaltungsprogramm inklusive Piratentaufe und Piratenurkunde geboten. *NARG, Helgoländer Kai, Tel. 04721/725 01, rgl. 16 Uhr, 10 Euro, Kinder 7 Euro*

Angesagt!

Was Sie wissen sollten über Trends, die Szene und Kuriositäten in Ostfriesland

Lieder auf Platt
Zwischen Ems und Elbe wird zunehmend nicht nur plattdeutsch gesprochen, sondern auch plattdeutsch gesungen. Bekannte Gruppen, deren CDs Sie vor Ort in vielen Plattenläden und Buchhandlungen finden, sind die Folkgruppen Spillwark und Dwarslopers aus Emden sowie Laway

aus Wilhelmshaven und die erste plattdeutsche Rockband Van M. Hörbeispiele sind im Internet unter *www.plattplanet.de* zu hören. Sogar Blödelbarde Otto Waalkes macht sich um das Platt in der Musik verdient: Die Deutsche Grammophon hat eine Liveaufnahme vom August 2001 publiziert. Da erzählt Otto Sergej Prokofjews Geschichte »Peter und der Wolf«; die Musik macht das Orchester des Musikalischen Sommers in Ost-Friesland unter Leitung von Michael Kuen.

Romantisch heiraten
Immer mehr Städte und Ferienorte bieten ihren Gästen Trauungen in maritimem Ambiente an: auf Helgoland z.B. in den alten Hummerbuden direkt am Binnenhafen, in Bremerhaven auf dem großen Segelschiff Seute Deern, in Cuxhaven in der Offiziersmesse des ehemaligen Feuerschiffs Elbe I oder im stillgelegten Leuchtturm im Ortsteil Altenbruch, in Emden auf dem ehemaligen Feuerschiff Deutsche Bucht. Ob die dort geschlossenen Ehen den Stürmen des Lebens besser trotzen als andere, wurde bisher noch nicht untersucht.

Late-Night-Treffs
In den Hotels und Restaurants an der Küste arbeiten viele junge Leute insbesondere aus den neuen Bundesländern und aus Polen. Die haben meist erst gegen 23 Uhr Feierabend. So manche Kneipe, die vorher gähnend leer war, verwandelt sich dann in einen echten Lokalszenetreff. Am besten einfach das junge Personal fragen, wo es denn abends hingeht!

Von Anreise bis Wetter

Hier finden Sie kurz gefasst die wichtigsten Adressen und Informationen für Ihre Ostfrieslandreise

ANREISE

Autobahnverbindung besteht via Bremen mit Emden (130 km), Wilhelmshaven (100 km), Bremerhaven (60 km) und Cuxhaven (100 km). Aus dem Rheinland ist auch die Anreise über die Emsland-Autobahn A 31 möglich (Duisburg–Emden ca. 265 km), die allerdings noch nicht durchgehend fertig gestellt ist.

Letzter IC- bzw. ICE-Bahnhof vor der Küste ist Bremen. Von dort führen Bahnlinien nach Emden, Norddeich, Wilhelmshaven, Nordenham, Bremerhaven und Cuxhaven. Ein DB-Nachtzug fährt im Sommer Fr und Sa ab München, Augsburg, Göppingen und Stuttgart nach Leer, Emden, Norden und Norddeich.

Der nächste internationale Verkehrsflughafen ist Bremen.

Unter dem Namen Jade-Express *(Fass-Reisen, Tel. 04421/843 60, www.fass-reisen.de)* gibt es ganzjährig zwei- bis dreimal wöchentlich eine Linienbusverbindung von Berlin nach Emden, Aurich, Wittmund, Jever und Wilhelmshaven.

AUSKUNFT

Eine zentrale Auskunftsstelle gibt es nicht. Anfragen müssen an die regionalen Organisationen gerichtet werden, die bei den jeweiligen Ortsbeschreibungen genannt sind.

EINTRITT

Die Eintrittspreise für Museen und Sehenswürdigkeiten sind bei den jeweiligen Beschreibungen genannt. Kinder und Jugendliche erhalten meist etwa 50 Prozent Ermäßigung; bei abweichender Regelung sind diese Preise ebenfalls genannt.

FKK

Einen FKK-Strand gibt es in Hooksiel, in Cuxhaven-Duhnen, auf Helgoland sowie auf Borkum und Norderney, einen FKK-Campingplatz in Cappel-Neufeld.

GEZEITENKALENDER

Der Tidenkalender, der die Hoch- und Niedrigwasserzeiten für jeden Tag nennt, ist an der Küste unerlässlich. Man erhält ihn meist kostenlos bei den Kurverwaltungen.

INTERNET

Zugriff auf die Homepages aller sieben Ostfriesischen Inseln gewährt

www.marcopolo.de

Das Reiseweb mit Insider-Tipps

Mit Informationen zu mehr als 4 000 Reisezielen ist Marco Polo auch im Internet vertreten. Sie wollen nach Paris, in die Dominikanische Republik oder ins australische Outback? Per Mausklick erfahren Sie unter www.marcopolo.de das Wissenswerte über Ihr Reiseziel. Zusätzlich zu den Reiseführerinfos finden Sie online:

- täglich aktuelle Reisenews und interessante Reportagen
- regelmäßig Themenspecials und Gewinnspiele
- Miniguides zum Ausdrucken

Gestalten Sie Marco Polo im Web mit: Verraten Sie uns Ihren persönlichen Insider-Tipp, und erfahren Sie, was andere Leser vor Ort erlebt haben. Und: Ihre Lieblingstipps können Sie in Ihrem Marco Polo Notizbuch sammeln. Entdecken Sie die Welt mit www.marcopolo.de! Holen Sie sich die neuesten Informationen, und haben Sie noch mehr Spaß am Reisen!

die Adresse *www.ostfriesische-inseln.de.* Ansonsten gibt es für die Ferienorte an der niedersächsischen Küste keine gemeinsame Adresse; interessante Websites werden in diesem Reiseführer bei den einzelnen Ortsbeschreibungen genannt.

INTERNETCAFÉS

Internetcafés sind an der Nordseeküste noch dünn gesät. Manchmal kann man in den Kurverwaltungen Zugang zum Internet erhalten. Zwei gute Internetcafés: *The @rt Café, Neutorstr. 70, Emden, Tel. 04921/321 44; Funh@all, Börsenstr. 59, Wilhelmshaven, Tel. 04421/ 74 86 86*

JUGENDHERBERGEN

Entlang der niedersächsischen Nordseeküste stehen rund zwei Dutzend Jugendherbergen. Auskunft gibt das *DJH (Bismarckstr. 8, 32756 Detmold, Tel. 05231/ 740 10, Fax 74 01 84).* Informationen im Internet unter *www.djh.de.*

KUREN

Viele Ferienorte der Region sind staatlich anerkannte Heilbäder mit entsprechenden Kureinrichtungen. Indikationen sind Erkrankungen der Atemwege, Herz- und Kreislauferkrankungen, Allergien, rheumatische Erkrankungen, Hormon- und Stoffwechselstörungen, chronische Hautleiden und Entwicklungsstörungen bei Kindern.

KURTAXE

Fast alle Küstenorte der Region erheben während der Sommersaison eine Kurtaxe, einige Orte sogar im

Winter. In den meisten Orten zahlen Erwachsene im Sommer um 1,50 Euro pro Tag, Kinder um 0,75 bis 1 Euro. Einige Orte haben in der Vor- und Nachsaison verbilligte Tarife. Auf Helgoland ist es teurer, dafür zahlen Kinder und Jugendliche hier aber gar nichts. Ohne Kurkarte ist der Besuch der Badestrände meist kostenpflichtig. Als Gegenleistung erhält der Gast eine Kur- oder Gästekarte, die ihn zur kostenlosen Benutzung einiger Einrichtungen sowie zu ermäßigten Eintrittskarten für Hallenbäder, Museen und Veranstaltungen der Kurverwaltung berechtigen. Keine Kurtaxe und kein Eintrittsgeld zum Strand verlangen Bremerhaven, Emden, Nordholz-Spieka und Wilhelmshaven.

NOTRUF

Polizei *Tel. 110*
Feuerwehr *Tel. 112*

ÖFFENTLICHE VERKEHRSMITTEL

Eine Bahnlinie verbindet Leer mit Emden, Marienhafe, Norden und Norddeich, eine andere Wilhelmshaven, Sande und Jever mit Wittmund und Esens. Außerdem gibt es Zugverkehr zwischen Bremen, Bremerhaven, Wremen, Dorum, Nordholz und Cuxhaven sowie zwischen Bremen, Oldenburg, Sande und Wilhelmshaven. Die meisten anderen Orte der Ferienregion werden durch Buslinien erschlossen.

ÖFFNUNGSZEITEN

Die angegebenen Öffnungszeiten von Museen und Sehenswürdigkeiten können sich ändern. Falls Sie wegen einer Besichtigung einen Umweg planen oder falls Sie mit einer größeren Gruppe reisen, wird ein vorheriger Anruf empfohlen; deshalb haben wir auch die Telefonnummern aufgeführt. Bei Restaurants und Geschäften werden die Öffnungszeiten nur genannt, wenn sie deutlich von den allgemein üblichen Zeiten abweichen. An Feiertagen gelten normalerweise die Sonntagszeiten.

REISEZEIT

Die niedersächsische Nordseeküste ist zu jeder Jahreszeit ein lohnendes Reiseziel. Zwischen Ende Oktober und dem Beginn der Osterferien sind jedoch nicht alle Pensionen und Gästehäuser geöffnet; auch manche Restaurants und Geschäfte sind dann geschlossen. Sie sollten dann vor einem Besuch anrufen.

Was kostet wie viel?

Tee	**3,50 Euro** für eine Kanne
Bier	**2,10 Euro** für 0,3 l vom Fass
Essen	**8 Euro** für eine Portion Labskaus
Imbiss	**2 Euro** für ein Fischbrötchen
Strandkorb	**5 Euro** für einen Zweisitzer pro Tag
Ausflug	**31,50 Euro** für eine Helgolandfahrt ab Cuxhaven

STRANDKÖRBE

Strandkörbe können in allen Ferienorten im Voraus gebucht werden. Es gibt aber auch die Möglichkeit, Strandkörbe tageweise direkt vor Ort zu mieten.

UNTERKUNFT

Alle Urlaubsorte geben umfangreiche, jährlich aktualisierte Unterkunftsverzeichnisse heraus, in denen Sie alle erforderlichen Angaben über Hotels, Pensionen, Campingplätze, Privatzimmer, Apartments und Ferienhäuser finden. Wenn Sie ohne Reservierung reisen – was Sie nur in der Nebensaison tun sollten –, sind Ihnen meist die Touristinformationen bzw. Kurverwaltungen bei der Vermittlung freier Unterkünfte behilflich.

URLAUB AUF DEM BAUERNHOF

Bauernhöfe und Heuhotels als Urlaubsdomizile vermittelt die *AG Urlaub und Freizeit auf dem Lande e.V. (Lindhooperstr. 63, 27283 Verden/Aller, Tel. 04231/966 50, Fax 96 65 66, www.bauernhofferien.de).*

WATTWANDERUNGEN

Wattwanderungen mit amtlich zugelassenen Führern werden während des Sommerhalbjahres von fast allen Küstenorten aus angeboten. Das Watt ohne Führer zu durchwandern ist aus Gründen des Naturschutzes verboten und für Unerfahrene auch viel zu gefährlich. Die Wattführer geben naturkundliche Erklärungen und wissen so manche Döntjes zu erzählen.

Wetter auf Borkum

	Jan.	Feb.	März	April	Mai	Juni	Juli	Aug.	Sept.	Okt.	Nov.	Dez.
Tagestemperaturen in °C	3	4	6	10	15	18	20	20	18	13	8	5
Nachttemperaturen in °C	–1	–1	1	5	8	12	14	14	12	8	4	1
Sonnenschein Std./Tag	1	2	4	5	6	8	6	6	5	3	2	1
Niederschlag Tage/Monat	12	10	8	8	7	8	11	11	11	13	13	12
Wassertemperaturen in °C	4	4	4	6	10	13	16	17	16	13	9	6

Reiseatlas Ostfriesland

Die Seiteneinteilung für den Reiseatlas finden Sie auf dem hinteren Umschlag dieses Reiseführers

Kartenlegende Reiseatlas

Autobahn mit Anschlussstelle und Anschlussnummer	Idstein 45 Viernheim	Motorway with junction and junction number
Autobahn in Bau mit voraussichtlichem Fertigstellungsdatum	Datum Date	Motorway under construction with expected date of opening
Rasthaus mit Übernachtung · Raststätte	Kassel	Hotel, motel · Restaurant
Kiosk · Tankstelle		Snackbar · Filling-station
Autohof · Parkplatz mit WC	P	Truckstop · Parking place with WC
Autobahn-Gebührenstelle		Toll station
Autobahnähnliche Schnellstraße		Dual carriageway with motorway characteristics
Fernverkehrsstraße		Trunk road
Hauptverbindungsstraße		Important main road
Verbindungsstraße		Main road
Nebenstraßen		Secondary roads
Fahrweg · Fußweg		Carriageway · Footpath
Gebührenpflichtige Straße		Toll road
Straße für Kraftfahrzeuge gesperrt		Road closed for motor vehicles
Straße für Wohnanhänger gesperrt		Road closed for caravans
Straße für Wohnanhänger nicht empfehlenswert		Road not recommended for caravans
Autofähre		Car ferry
Hauptbahn · Bahnhof · Tunnel		Main line railway · Station · Tunnel
Autozug-Terminal		Autorail station
Besonders sehenswertes kulturelles Objekt	Neuschwanstein	Cultural site of particular interest
Besonders sehenswertes landschaftliches Objekt	Breitachklamm	Landscape of particular interest
Ausflüge & Touren		Excursions & Tours
Landschaftlich schöne Strecke		Route with beautiful scenery
Touristenstraße	Hanse-Route	Tourist route
Museumseisenbahn		Tourist train
Kirche, Kapelle · Kirchenruine		Church, chapel · Church ruin
Kloster · Klosterruine		Monastery · Monastery ruin
Schloss, Burg · Burgruine		Palace, castle · Castle ruin
Turm · Funk-, Fernsehturm		Tower · Radio or TV tower
Denkmal · Soldatenfriedhof		Monument · Military cemetery
Ruinenstätte, frühgeschichtliche Stätte · Höhle		Archaeological excavation, ruins · Cave
Hotel, Gasthaus, Berghütte · Heilbad		Hotel, inn, refuge · Spa
Campingplatz · Jugendherberge		Camping site · Youth hostel
Schwimmbad, Erlebnisbad, Strandbad · Golfplatz		Swimming pool, leisure pool, beach · Golf-course
Botanischer Garten, sehenswerter Park · Zoologischer Garten		Botanical gardens, interesting park · Zoological garden
Bedeutendes Bauwerk · Bedeutendes Areal		Important building · Important area

A
B
C
1
2
3
4
5
6
5 km
Ostfriesische Inseln
Helgoland 4½h
Helgoland 4h
Schluchter
Juist
Juist
Im Loog
20
16
1¼h
Voorentief
Kachelot-
plate
Memmert
8
Nordland
Nationalpark
Itzendorf-
plate
Osterems
Memmertbalje
Borkum
Ostland
14
18
Borkum
Lütje Hörn
Koper-
sand
Bantsbalje
Fischerbalje
Randzel
Westerbalje
Ley
Hamburger Sand
Utlands
Leybucht
(Leysand)
Greetsieler
Nacken
Greetsiel
Hauen
Pilsum
Störtebeker-
straße
Visquard
Manslagt
Krumm
Groothusen
Hamswehrum
Woquard
Pewsum
Upleward
Groß Heiselhusen
Woltzeten
Klein Heiselhusen
Campen
Loquard
Rysum
hörn
Twixlum
Störtebeker-
straße
Wybelsum
Knockster Tief
Uithuizerwad
1h
2h
Dukegat
Eemshaven
Koningsoord
Oudeschip
Hefswal
Roode-
school
Uithuizermeeden
Oosteinde
Uithuizen
Menkemaborg
N33
N46
12
2002
Doodstil
Oldenzijl
Zijldijk
Spijk
Hund
Eppenhuizen
Hefshuizen
Losdorp
Bierum
Garsthuizen
't Zandt
Godlinze
Huizinge
Zeerijp
Krewerd
Holwierde
Leermens
Paap-
sand
Westeremden
Oosterwijtwerd
Uitwierde
Eenum
2002
Biessum
DELFZIJL
Loppersum
Jukwerd
Farmsum
Stedum
Groene
Kustweg
Wirdum
N360
Ems
1h
Winneweer
Wirdumerdraai
Lellens
Garrelsweer
Appingedam
Sint Annen
Post Ten
Eemskanaal
Weiwerd
Ten
Boer
Damsterdiep
Wittewierum
Borgsweer
Termunten
Woltersum
Overschild
N33
Tjuchem
Meedhuizen
Groene
Kustweg
Thesinge
Schildmeer
Steendam
Woldendorp
N360
NEDERLAND
Siddeburen
Wagenborgen
Nieuwolda-Oost
Lageland
Hellum
Schildwolde
N387
Nieuwolda
Harkstede
Slochteren
't Waar
Scharmer
Fraeylemaborg
N362
Nw-Scheemda
Ganzedijk
E22
A7
Oostwold
Froombosch
Midwolda
Kolham
Finsterwolde
Kromme-

D
E
F
Norderney
Norderney
Baltrum
Baltrum
Langeoog
Langeoog
Meierei
Ostende
Dollart
Riffgat
Hohes Riff
Steinplate
Neiderplate
Ruteplate
Wichter Ee
Helgol.
Niedersächsisches
Grüne Küstenstraße
Störtebekerstraße
Neßmersiel
Dornumergrode
Dornumersiel
Hilgenriedersiel
Junkersrott
Seegatt
Harketief
Nesse
Westeraccumersiel
Westerbur
Middelsburg
Grünrdeich
Bensersiel
Damsum
Oster-rott
Hager-marsch
Westdorf
Dornum
Westeraccum
Utgast
Esens
Honnewarf marsch
Reersum
Schwittersum
Fulkum
Lintelermarsch
Marienhof
Resterhafe
Roggenstede
Holtgast
Westerloog marsch
Terhalle
West-ochtersum
Barkholt
Norden
Schl. Nordeck
Westerende
Lütetsburg
Berum
Arle
Utarp
Ostochtersum
Hage
Burg Berum
Menstede
Narp
Schweindorf
Wasserschloss Lütetsburg
Großheide
Coldinne
Westerholt
Bargebur
Berumbur
Moorweg
Süderneuland I
Berumerfehn-Kanal
Nenndorf
Negenmeerten
Westermarsch I
Wurzeldeich
Halbemond
Neuschoo
Blomberg
Süderneuland II
Berumerfehn
Eversmeer
Störtebekerstraße
Osteel
Leezdorf
Ewiges Meer
Langefeld
Neuwesteel
Nord-
Berumerfehner
Meerhusener Moor
Neue Welt
Marienhafe
Rechtsupweg
Tjüche
Moorhusen
Moor
Dietrichsfeld
Schottjer-Dreesche
Upgant-Schott
Süd-
Kreihütten-moor
Grüne Küstenstraße
Wirdumer Neuland
Upende
Münkeboe
Tannenhausen
brookmerland
Alt Siegelsum
Oldeborg
brookmer-
Georgsfeld
Plaggenburg
Pfalzdorf
Wirdum
Engerhafe
Victorbur
Sandhorst
Grimersum
Uthwerdum
Walle
AURICH
(8)
Brockzetel
Süd-
Georgsheil
Moordorf
Extum
Wallinghausen
Theene
Haxtum
Egels
Auricher Wies
Uttum
land
Wiegboldsbur
Rahe
Popens
Wiesens
Canhusen
Weeringerhörn
Kirchdorf
Akelsba
Cirkwehrum
Bedekaspel
Westerende-Kirchloog
Große-
Sielmönken
Großes Meer
Barstede
Schirum
Holtrop
Felde
Osterhusen
Loppersum
Bangstede
Wrisse
Hinte
Suurhusen
Forlitz-Blaukirchen
Ludwigsdorf
Ostersander
Aurich-Olde
Westerhusen
Hieve
Ochtelbur
Ihlow
Westersander
Harsweg
Ems-Jade-Kanal
Ihlowerfehn
Riepe
Mittegroßefehn
Ostgroßefehn
EMD-Wolthusen
Ihlowerhörn
fehn
EMD-Nord
Uphusen
Simonswolde
Schweindorf
Westgroßefehn
Spetzerfe
Deutsche Fehnroute
Ulbargen
EMD-Ost
Riepe
Timmel
Boekzeteler Meer
Borssum
Dortmund-Ems-Kanal
Großefehn-kanal
Hatshausen
Bagband
Widdelswehr
Petkum
Tergast
Moormer-
Neukamperfehn
Gandersum
Oldersum
Stiekelkamperfehn
Pogum
Rorichum
Neermoor
Boekzetelerfehn
Neuemoor
Ditzum
Nendorp
Grüne Küstenstr.
Störtebekerstraße
Warsingsfehn
Oldendorp
Hatzum
Terborg
Iheringsfehn
Störtebekerstraße
Neermoor
land
Ditzumerhammrich
Critzum
Ems
Veenhusen
Hesel
(10)
Midlum
Veenhusen
Hass
Leer-Nord
Dreieck Leer
Leer-Ost
Holtland
Ditzumerverlaat
Jemgum
Nüttermoor
Brinkum
Marienchor
Rheider-
Heinitzpolder
Bunderhammrich
Heisfelde
LEER
Logabirum
Lamme
Leer-West
Filsum
Dollart
Soltborg
Nortmoor
Landschaftspolder
Böhmerwold
Holtgaste
Jemgum
Evenburg
Wolf
Jümme
Drieborg
Bunderhee
Bingum
Nettelburg
Neuburg
Amdorf
Sankt Georgiwold
Esklum
Velde
Weenermoor
arlottenpolder

A
B
1
2
3
4
5
6
Naturschutzgebiet
Helgoland
Nordmole
Lange Anna
Lummenfelsen
Nordreede
Nordstrand
Düne
Kurmittelhaus
Nordost-hafen
Oberland
Helgoland
Unterland
Dünenhafen
Dünenpavillon
Südstrand
Landungsbrücke
Binnenhafen
NORDSEE
Südhafen
Südreede
Helgoländer
Felssockel
Vorhafen
Ostmole
Neue Westmole
1 km
Hörnum 4h
Helgoland 3h
Wittdün 4h (V-IX), Wyk 4½h (V-IX)
Dagebüll 5h (V-IX)
Husum 3½h (V-IX)
Eider-Sperrwerk 3h (V-IX)
Büsum 3h (V-IX)
Hamburg 3½ - 5 h (V-IX)
Cuxhaven 1¼ - 2 h
B'haven 3 h (V-IX)
Wilhelmshaven 2½ h (V-IX)
Ostfries. Inseln 2½-4½ h (V-IX)
Helgoland 2½h
Roter Sa
Wangerooge
Spiekeroog
Harte
Wangerooge
Spiekeroog
Minsener Oog
Schillbalje
Swinnplate
Janssand
Wattenmeer
1½h
¾h
Neues Brack
Harlesiel
Neuharlingersiel
Grüne Küstenstraße
Minsen
Störtebekerstraße
Bettenwarfen
Bassens
Schillig
Ostbense
Altharlingersiel
Carolinensiel
Friederikensiel
Funnens
Horumersiel
Groß Holum
Wangerland
Hartward
Neufunnixsiel
Neugarmssiel
Wiarden
Sterbur
Nordorf
Werdum
Altfunnixsiel
Altgarmssiel
Hohenkirchen
Sankt Joost
Thunum
Wüppelser Altendeich
Osteraccum
Tettens
Oldorf
Wüppels
Mamburg
Stedesdorf
Funnix
Middoge
Pakens
Hooksiel
Berdum
Buttforde
Wichtens
461
Waddewarden
Burhafe
Moorweg
Dunum
Blersum
Uttel
Eggelingen
Westrum
Utters
West Dunum
Ost Dunum
Abens
Wiefels
Jeverland
Sengwarden
Upstede
Hattersum
Brill
Wittmund
210
Schloss
Jever
Sillenstede
Asel
Fedderwarden
Webershausen
Updorf
Moorwarfen
Wilhelmshaven
Middels
Heglitz
Willen
Burmönken
Grafschaft
Accum
Middels-Osterloog
Uthörn
Heidmühle
Addernhausen
Groß Ostiem
Middels-Westerloog
Ardorf
Hovel
Leerhafe
Möns
Sandelerburg
Langewerth
Roffhausen
Spekendorf
Schnapp
Heidhäuser
Schoost
Schortens
Wilhelmshavener Kreuz
Rispel
Marien
Müggenkrug
Kollrunge
Hünengräber
Sande
Dose
Abickhafe
Dykhausen
Ems-Jade-Kanal
Schl. Gödens
Wiesedermeer
Reepsholt
Gödens
Hoheesche
Wiesmoor
Upschört
Neustadtgödens
Sandergroden
Hesel
Etzel
Marcardsmoor
Riepen
Akelsbarg
Friedeburg
436
Horsten
Ellens
Zetel
Wiesede
Blauhand
Hammrich
Wiesederfehn
Kleinhorsten
Bohlenberge
Aurich-Oldendorf
Hohemoor
Wiesmoor

114

D
E
F
NORDSEE
Scharhörn
Nationalpark
Robben-
plate
Cuxhaven 1½h
5 km
1
Hamburgisches
Neuwerk
Hamburg-
Insel Neuwerk
Gr. Leuchtturm
Wattenmeer
Wattwanderweg
Ostertill
Westertill
Alte Weser
2
Großer
Hoher Knechtsand
Knechtsand
3
Störtebeker-
straße
Robinsbalje
Tegeler Plate
Spieka-Neufeld
Nord-
Nationalpark
-eversand
Süd-
Mellumplate
Hohewegrinne
Deichsende
Spiekaeraltendeich
Cappel-Neufeld
Spiekaer
Nordermarren
Wurster
Grüne Küstenstr.
Dorumer Neufeld
Mellum
Dorumer Altendeich
Cappel
Land
Hohe Weg
Watt
Padingbütteler Altendeich
Nieder-
Misselwardener Altendeich
Der
Padingbüttel
Alsum
Hohe
Dorum
Weg
Schmarren
Misselwarden
Mulsum
4
Wursten
Wremertief
Wremen
Sievern
Weser
3h
Hofe
Hülsing
Störtebeker-
straße
sächsisches
Schottwarden
Grüne
Küstenstr.
Imsum
Langen
Weddewarden
Solthörner
Watt
Langwarden
Ruhwarden
Fedderwardersiel
Nordsee-
Tropenparc
Marschenhaus
Freilichtmuseum
Voslapp
Niedersachsendamm
Burhave
Tossens
Süllwarden
Lütiensand
Lehe
5
2
Sillens
Butjadingen
Waddens
Zoo am Meer
Deutsches Schiff-
fahrtsmuseum
Kopperhörner
Mühle
2
Klein Eckwarden
Tettens
Eckwarden
Iffens
Schweewarden
Volkers
Eckwarderhörne
Störtebekerstr.
Grüne Küstenstraße
Blexen
Kaiser-
Wilhelm-
Brücke
½h
212
Phiesewarden
Einswarden
Stollhamm
NORDENHAM
6
Stollhamer
Watt
Ahndeich
Westmoorsee
Atens
Heering
WULSDORF
Grüne
Küstenstraße
Abbehausen
Lanhausen
Wattenmeer
Abbehausergroden
Ellwürden
Ueterlande
Welle
Großensiel
Fleeste
Esenshammergroden
Overwarfe
Esenshamm
Landwürden
111
115
Sehestedt
Reitland
Kleinensiel
Holte
Stotel
Moorhausen
2003

A
B
C
1
2
3
4
5
5 km
Harwich 15¾h
Helgoland 1½h-2½h
Elbe
Nationalpark Niedersächsisches Wattenmeer
Nationalpark Schleswig-Holsteinisches Wattenmeer
Klotzenloch
Schmoltecks
Krumwehl
Helse
Dieksanderkoog
Neulandhalle
Kronprinzenkoog
Darenwurth
Schadendorf
Marnerdeich
Kaiser-Wilhelm-Koog
Schafstedt
Nordergründe
Marner Neuenkoogsdeich
Neufelderkoog
Auenbüttel
Neufeld
Duhner Watt
Medemsand
Medemsandinsel
Neufelder Sand
Medemgrund
Schleswig-Holstein
Niedersachsen
Duhnen
Döse
CUXHAVEN
Alte Liebe
Amerika-Hafen
Stickenbüttel
Sahlenburg
Westerwisch
Spangen
Süderwisch
Groden
Cuxhaven
Arensch
Holte
Wehldorf
Altenbruch
Müggendorf
Otterndorf
Mahrdorf
Belum
Bahrdorf
Berensch
Altenwalde
Altenbruch-Westerende
Lüdingworth-Westerende
Störtebekerstr.
Altenbruch-Osterende
Franzenburg
Oxstedt
Gudendorf
Lüdingworth-Süderwisch
Grüne Küstenstr.
Norderteil
Kehdingbruch
Köstersweg
Nordholz
Wursterheide
Süderende
Lüdingworth-Seehausen
Neuenkirchen
Osterbruch
Sprenge
Deichsende
Knill
Nordleda
Kampen
Süderteil
Aue
Spiekaer
Südermarren
Wanhöden
Nordholz
Osterwanna
Hasendorf
Nubhusen
Bülkau
Spieka
Midlum
Hügelgräber
Wanna
Mittelteil
Ihlienworth
Wingst
Oppeln
Süderende
Bargkamp
Land Hadeln
Wursten
Cappel
Altendeich
Krempel
Süderleda
Medemstade
Auedeich
Oppelner Geest
Alsum
Alhenmoor
Ahlen-Falkenberg
Grüne Küstenstraße
Norderende
Norderteil
Bovenmoor
Odisheim
Dahlemer See
Holßel
Süderwesterseite
Lauenteil
Süderteil
Neuenwalde
Fünf Seen
Flögelner See
Steinau
Neuenwalde
Pipinsburg
Flögeln
Höring
Stinstedt
Sievern
Heidenstadt
Hymendorf
Fickmühlen
Neubachenbruch
Ringwall
Bederkesaer See
Mooräusmoor
Debstedt
Debstedt
Grüne Küstenstraße
Ankelohe
Langen
Wehden
Drangstedt
Bad Bederkesa
Lintig
Hügelgräber
Langes Moor
Leherheide
Bremerhaven-Überseehäfen
Elmlohe
Alfstedt
Meckelstedt
Steingrab
Spaden
Laven
Kührstedt
Wüstewohlde
Langenmoor
Lehe
Marschkamp
Hainmühlen
Großenhain
BREMERHAVEN
Bramel
Elbe-Weser-
Ringstedt
Altenkamp
Geeste
Bremerhaven-Mitte
Geestemünde
Schiffdorf
Köhlen
Hügelgrab
Drittgeest
Bremerhaven-Geestemünde
Sellstedt
Altluneberg
Surheide
Geestenseth
Heinschenwalde
Neu-Ebersdorf
Hosermühlen
Apeler
Wehdel
Geeste
Wulsdorf
Bremerhaven-Wulsdorf
Donnern
Frelsdorf
Bexhövede
Wollingst
Hipstedt
Loxstedt
Stinstedt
Heerstedt
Lohe
Malse
Bremerhaven-Süd
Nesse
Düring
Appeln
Grüne Küstenstraße
Basdahl
Lunestedt
Holte
Stotel
Stotel
Hetthorn
Osterndorf
Beverstedt
2004
E234

Burg
Hopen
Hünengräber
Buchholz
Stubbenberg
Grüne Küstenstraße
Vaalermoor
Nutteln
Kaaks
Eversdorf
Huje
Hohe
Hungriger
Ottenbüttel
Süderdonn
Kuden
Dingerdonn
Buchholzermoor
Aebtissinwisch
Neuendorf
Sachsen-bande
Kleve
Westermühlen
Rahde
Krummendiek
Itzehoe-Nord
Edendorf
Dingen
Tiefste deutsche Landstelle
Ecklak
Moor-husen
Oldendorf
Behmhusen
Eddelak
Norderdonn
Averlak
Wilster
Hackeboe
Bekdorf
Ramhusen
Blangenmoor-Lehe
Flethsee
Nortorf
Landrecht
Heiligenstedten
Bekmünde
Störd orf
Kudensee
Westerbüttel
Oster-belmhusen
Land-scheide
Schotten
Wilster
Ostermoor
ITZEHOE
Dammfleth
Hodorf
Heiligenstedtenerkamp
Itzehoe-Süd
Büttel
Stuven
Marsch
Mühlen-straßen
Kernkraftwerk Sankt Margarethen
Kleinarentsee
Hochfeld
Beidenfleth
Bahrenfleth
Kremperheide
Dägeling
Kremper moor
Neuenbrook
Brunsbüttel
Großarentsee
Kleinbarenfleth
Brokdorf
Neuenkirchen
Brokreihe
Grüne Küstenstraße
Hollerwettern
Wewelsfleth
Borsfleth
Borsflether-wisch
Grevenkop
Krempe
Elbdeich
Stellenfleth
Störtebekerstraße
Faulenhofe
Balje
Krummendeich
Schöneworth
Freiburg (Elbe)
Allwörden
Ivenfleth
Krempdorf
Marsch
Süderau
Süderdeich
Grüne Küstenstraße
Blomesche
Elskop
Oederquart
Holenwisch
Wildnis
Obstmarschenweg
Geversdorf
Hollerdeich
Engel-brechtsche
Herzhorn
Marne
Klinten
Kajedeich
Neuendeich
Laak
Dösemoor
Glückstadt
Bruchweg
Wischhafen
Rhin-plate
Obendeich
Cadenberge
Wildnis
Strohdeich
Neulandermoor
Groß Kollmar
Neuland
Krautsand
Groß-wurth
Klein Kollmar
Oberndorf
Bielenberg
Kollmar
Braak
Isensee
Wolfsbruchermoor
Niederstrich
Dornbusch
Ahrensflucht
Schüttdamm
Dornbuschermoor
Störtebekerstraße
Hemm
Achthöfen
Theisbrügge
Schwarz-tonnen-sand
Weißenmoor
Oben Altendorf
Drochtersen
Achthöfenerdeich
Vestersode
Oste
Hüll
Obstmarschenweg
Seester
Osten
Rönndeich
Niederhüll
Ritsch
Asse l
Hemmoor
Basbeck
Großenwörden
Aschhornermoor
Barnkrug
Pagen-sand
Heeßel
Ziegelkamp
Elbe
Neuland
Grüne Küstenstraße
Ritschermoor
Abbenfleth
Wester-berg
Kleinwörden
Engelschoff
Wohlenbeck
Bornberg
Bützflehtermoor
Hackenmühlen
Hammahermoor
Bützfleth
Wisch
Köven
Hechthausen
Obstmarschenweg
Burg
Groß Sterneberg
Ihlbeck
Breitenwisch
Stadermoor
Götzdorf
Hünengräber
Brunshausen
Stade
Klint
Burweg
Hammah
Schölisch
Nindorf
Laumühlen
Melau
Blumenthal
Himmel-pforten
Hohenwedel
Nindorfermoor
Bossel
St. Wilhadi
Kranenburg
Mittelsdorf
Haddorf
STADE
Hollen
Brobergen
Kuhla
Schönau
Oldendorf
Sunde
Düdenbüttel
Hollnseth
Ostendorf
Estorf
Weißenmoor
Wiepenkathen
Kaken
Gräpel
Abbenseth
Heinbockel
Iselersheim
Agathenburg
Hagenah
Hagen
Oftendorf
Schwinge
Schwinge
Alfstedt
Neuendamm
Behrste
Grüne Küstenstraße
Mehedorf
Nieder Ochtenhausen
Dollern
Fredenbeck
Deinste
Helmste
Hönau-Lindorf
Elm
Mulsum
Oste-Schwinge-Kanal
Oste
Hünengräber
Hünengräber
Wedel
Deutsche Fachwerkstraße
Glinde
Bremervörde
Essel
Kutenholz
Lusthoop
Issendorf
Engeo
Frankenmoor
Groß Aspe
Sadersdorf
Bargstedt
Ohrensen
Hesedorf
Harsefeld
Spreckens
Brest
Bevern
Byhusen

110
114
A
B
Spekendorf
Schnapp
Heidhäuser
Schoost
Schortens
Roffhausen
Wilhelmshavener Kreuz
Kollrunge
Rispel
Hünengräber
Dose
Sande
Mariens
Abickhafe
Dykhausen
Schl. Gödens
Reepsholt
Hoheesche
Gödens
Wiesedermeer
Grüne Küstenstraße
Neustadtgödens
Sandergroden
Upschört
Hesel
Etzel
Riepen
Marcardsmoor
Friedeburg
Akelsbarg
Wiesede
Horsten
Ellens
Blauhand
Zetel
Hammrich
Wiesederfehn
Kleinhorsten
Ellenserdammersiel
Marx
Bohlenberge
Aurich-Oldendorf
Großefehnkanal
Wiesmoor
Hohemoor
Störtebekerstraße
Driefel
Bohlenbergerfeld
Schweinebrück
Steinhausen
Kranenkamp
Wilhelmsfehn II
Aurich-Wiesmoor
Ruttel
Bockhorn
Varel-Bockhorn
Voßbarg
Nordgeorgsfehner Kanal
Spetzerfehn
Deutsche Fehnroute
Bentstreek
Rutteleffeld
Neuenburg
Segkorn
Borgstede
Strackholt
Neuenburgerfeld
Urwald
Obenstrohe
Zwischenbergen
Lengener Meer
Grabstede
Grafenweg
Oltmannsfehn
Asterderfeld
Altjührden
Bagband
Fiebing
Neufirrel
Neudorf
Ockenhausen
Stapeler Moor
Bredehorn
Grünenkamp
Poghausen
Tarbarg
Firrel
Stapel
Neuemoor
Kleinoldendorf
Großoldendorf
Spols
Schwerinsdorf
Uplengen
Meinersfehn
Halsbek
Bühren
Neuengland
Selverde
Remels
Großsander
Jührdenerfeld
Spohle
Hasselt
Moorburg
Eggeloge
Rhododendron-Waldpark
Kleinsander
Felde
Klein Remels
Jübberde
Westerstede-West
Petersfeld
Ihausen
Hollwege
Linswege
Nordgeorgsfehn
Lammertsfehn
Hollen
Apen/Remels
Westerstede
Garnholterdamm
Filsum
Westerstederfeld
Wiefelstede
Ammersum
Westerloyerfeld
Bad Zwischenahn-West
Südgeorgsfehn
Augustfehn II
Westerloy
Gießelhorst
Langebrügge
Klampen
Roggenmoor
Mansie
Winkel
Elmendorf
Stickhausen
Apen
Zwischenahner Meer
Gristede
Velde
Vreschen-Bokel
Ammerland
Detern
Ocholt
Torsholt
Aschhausen
Barge
Godensholterweg
Howiek
Rostrup
Aschhauserfeld
Roggenberg
Tange
Gaskamp
Karlshof
Ohrwegerfeld
Kayhauserfeld
Barßel
Nordloh
Godensholt
Fintlandsmoor
Ohrwege
Bad Zwischenahn
Nord
Elisabethfehn
West
Ost
Rothenmethen
Ekern
Lohe
Wittenberge
Dänikhorst
Kleefeld
Portsloge
Elisabethfehnkanal
Soeste
Westerscheps
Edewecht
Strücklingen
Elisabethfehn Süd
Saterland
Harkebrügge
Holtange
Osterscheps
Jeddeloh I
Ramsloh
Deyekamp
Klein Scharrel
Hollen
Kampe
Langes Moor
Am Küstenkanal
Husbäke
Langendamm
Küstenkanal
Edewechterdamm
Jeddeloh II
Westermoor
Scharrel
Bätholt
Moor
Vehnemoor
Sedelsberg
Eggershausen
Riege
Grüne Küstenstraße
Altenoythe
Benthullen
Friesoythe
Bremer-Sand
Bösel
5 km
Neuscharrel
Esterwegen
Barkentange
Petersdorf
Hilkenbrook
Neulorup
Ellenbrock
Vordersten Thüle
Nikolausdorf
Gehlenberg
Neuvrees
Neuarenberg
Lethe

111
115
NORDENHAM
OLDENBURG
DELMENHORST
Stadland
Hatten
Jade
Oldenbrok
Stedingen
Weser
Hunte
Grüne Küstenstraße
Naturpark Wildeshauser Geest
Stollhamer Watt
Schweiburger Watt
Jadebusen
Brake
Elsfleth
Berne
Hude
Ganderkesee
Rastede
Varel
Schwanewede
Lemwerder
Blexen
Einswarden
Stollhamm
Phiesewarden
Atens
Ahndeich
Westmoorsee
Heering
Abbehausen
Abbehausergroden
Ellwürden
Großensiel
Esenshammergroden
Seefeld
Esenshamm
Sehestedt
Reitland
Esenshammer Oberdeich
Kleinensiel
Bösensieben
Hayenwärf
Norderschweiburg
Schwei
Strohausen
Rodenkirchen
Hartwarden
Absen
Süderschwei
Alserwurp
Schweiburg
Süderschweiburg
Hohenberge
Jaderaußendeich
Rönnelmoor
Norder-Frieschenmoor
Süder-Frieschenmoor
Sürwürden
Schmalenfleth
Neustadt
Golzwarderwurp
Ovelgönne
Golzwarden
Nordmentzhausen
Jaderaltendeich
Jaderberg
Tier- und Freizeitpark
Heubült
Strückhausen Altendorf
Hammelwarder Außendeich
Jaderkreuzmoor
Süd Bollenhagen
Rüdershausen
Südmentzhausen
Rastederberg
Lehmdermoor
Jaderlangstraße
Mittelort
Süderfeld
Delfshausen
Oberströmische Seite
Sandfeld
Lehmden
Barghorn
Altendorf
Moorseite
Großenmeer
Kuhlen
Moorriem
Neuenfelde
Oberhammelwarden
Loyermoor
Ipwegermoor
Bardenfleth
Dalsper
Huntebrück
Huntorf
Schlüte
Neuenhuntorf
Moordorf
Moorhausen
Holler Sandberg
Buttel
Neuenhuntorfermoor
Neuenkoop
Holle
Oberhausen
Pfahlhausen
Wraggenort
Wüsting
Hiddigwarden
Hudermoor
Bookholzberg
Lintel
Kreuzange
Vielstedt
Nordenholz
Altmoorhausen
Hurrel
Hesterort
Grüppenbühren
Munderloh
Dingstede
Habbrügge
Grashorn
Bergedorf
Kirchhatten
Sandhatten
Nuttel
Bürstel
Immer
Birkenheide
Huntlosen
Ostrittrum
Barel
Klattenhof
Neerstedt
Hengsterholz
Haidhäuser
Havekost
Westerburg
Astrup
Littel
Halenhorst
Hengstlage
Sandkrug
Streek
Hatterwüsting
Tweelbäke Ost
Kreyenbrück
Eversten
Ohmstede
Etzhorn
Ofenerdiek
Wahnbek
Metjendorf
Ofen
Bokel
Nuttel
Borbeck
Rechtenfleth
Sandstedt
Offenwarden
Wersabe
Uthlede
Rechtebe
Wurthfleth
Aschwarden
Meyenburg
Rade
Hinnebeck
Lienen
Neuenkirchen
Vorbruch
Rekum
Farge
Blumenthal
Vegesack
Weserdeich
Warfleth
Deichshausen
Bardewisch
Altenesch
Rethorn
Stenum
Schierbrok
Elmeloh
Almsloh
Holzkamp
Wulsdorf
Lanhausen
Ueterlande
Fleeste
Overwarfe
Landwürden
Holte
Büttel
Schwegen
Neuenlande
Hagen
Weißenfleth
Lever dot as Slav

MARCO POLO

Für Ihre nächste Reise gibt es folgende Titel:

Deutschland

Allgäu
Amrum/Föhr
Bayerischer Wald
Berlin
Bodensee
Chiemgau/ Berchtesgaden
Dresden
Düsseldorf
Eifel
Erzgebirge/Vogtl.
Franken
Frankfurt
Hamburg
Harz
Heidelberg
Köln
Leipzig
Lüneburger Heide
Mark Brandenburg
Mecklenburgische Seenplatte
Mosel
München
Nordseeküste: Schleswig-Holst.
Oberbayern
Ostfries. Inseln
Ostfriesland: Nordseeküste Niedersachsen
Ostseeküste: Mecklenburg-Vorpommern
Ostseeküste: Schleswig-Holst.
Pfalz
Potsdam
Rügen
Schwarzwald
Spreewald/Lausitz
Stuttgart
Sylt
Thüringen
Usedom
Weimar
Die besten Weine in Deutschland
Die tollsten Musicals in Deutschland

Frankreich

Bretagne
Burgund
Côte d'Azur
Disneyland Paris
Elsass
Frankreich
Frz. Atlantikküste
Korsika
Languedoc-Roussillon
Loire-Tal
Normandie
Paris
Provence

Italien Malta

Capri
Dolomiten
Elba
Emilia-Romagna
Florenz
Gardasee
Golf von Neapel
Ischia
Italien
Italien Nord
Italien Süd
Ital. Adria
Ital. Riviera
Mailand/ Lombardei
Malta
Oberital. Seen
Piemont/Turin
Rom
Sardinien
Sizilien
Südtirol
Toskana
Umbrien
Venedig
Venetien/Friaul

Spanien Portugal

Algarve
Andalusien
Azoren
Barcelona
Costa Blanca
Costa Brava
Costa del Sol/ Granada
Fuerteventura
Gomera/Hierro
Gran Canaria
Ibiza/Formentera
Lanzarote
La Palma
Lissabon
Madeira
Madrid
Mallorca
Menorca
Portugal
Spanien
Teneriffa

Nordeuropa

Bornholm
Dänemark
Finnland
Island
Kopenhagen
Norwegen
Schweden

Osteuropa

Baltikum
Budapest
Königsberg/ Ostpreußen Nord
Masurische Seen
Moskau
Plattensee
Polen
Prag
Riesengebirge
Rumänien
Russland
St. Petersburg
Slowakei
Tschechien
Ungarn

Österreich Schweiz

Berner Oberland/ Bern
Kärnten
Österreich
Salzburg/ Salzkammergut
Schweiz
Tessin
Tirol
Wien
Zürich

Westeuropa und Benelux

Amsterdam
Brüssel
England
Flandern
Irland
Kanalinseln
London
Luxemburg
Niederländ. Küste
Niederlande
Schottland
Südengland
Wales

Südosteuropa

Athen
Bulgarien
Chalkidiki
Griechenland Festland
Griechische Inseln/Ägäis
Ionische Inseln
Istrien/Kvarner
Istanbul
Korfu
Kos
Kreta
Kroatische Küste
Peloponnes
Rhodos
Samos
Türkei
Türkische Mittelmeerküste
Zypern

Nordamerika

Alaska
Chicago und die Großen Seen
Florida
Hawaii
Kalifornien
Kanada
Kanada Ost
Kanada West
Los Angeles
New York
Rocky Mountains
San Francisco
USA
USA Neuengland
USA Ost
USA Südstaaten
USA Südwest
USA West
Washington, D.C.

Mittel- und Südamerika Antarktis

Antarktis
Argentinien/ Buenos Aires
Bahamas
Barbados
Brasilien/ Rio de Janeiro
Chile
Costa Rica
Dominikanische Republik
Ecuador/ Galapagos
Jamaika
Karibik I
Karibik II
Kuba
Mexiko
Peru/Bolivien
Südamerika
Venezuela
Yucatán

Afrika Vorderer Orient

Ägypten
Dubai/Emirate/ Oman
Israel
Jemen
Jerusalem
Jordanien
Kenia
Libanon
Marokko
Namibia
Südafrika
Syrien
Türkei
Türkische Mittelmeerküste
Tunesien

Asien

Bali/Lombok
Bangkok
China
Hongkong
Indien
Japan
Ko Samui/ Ko Phangan
Malaysia
Nepal
Peking
Philippinen
Phuket
Singapur
Sri Lanka
Taiwan
Thailand
Tokio
Vietnam

Indischer Ozean Pazifik

Australien
Hawaii
Malediven
Mauritius
Neuseeland
Seychellen
Südsee

Sprachführer

Arabisch
Englisch
Französisch
Griechisch
Italienisch
Kroatisch
Niederländisch
Norwegisch
Polnisch
Portugiesisch
Russisch
Schwedisch
Spanisch
Tschechisch
Türkisch
Ungarisch

In diesem Register sind alle in diesem Führer erwähnten Orte und Ausflugsziele verzeichnet. Halbfette Seitenzahlen verweisen auf den Haupteintrag, kursive auf ein Foto.

Schreiben Sie uns!

Liebe Leserin, lieber Leser,

wir setzen alles daran, Ihnen möglichst aktuelle Informationen mit auf die Reise zu geben. Dennoch schleichen sich manchmal Fehler ein – trotz gründlicher Recherche unserer Autoren/innen. Sie haben sicherlich Verständnis, dass der Verlag dafür keine Haftung übernehmen kann. Wir freuen uns aber, wenn Sie uns schreiben.

Senden Sie Ihre Post an die MARCO POLO Redaktion,
Mairs Geographischer Verlag, Postfach 31 51, 73751 Ostfildern,
marcopolo@mairs.de

Impressum

Titelbild: Leuchtturm in Pilsum (W. Dieterich)
Fotos: W. Dieterich (U. M., U. r., 1, 2 o., 2 u., 5 l., 5 r., 6, 10, 14, 16, 22, 24, 25, 26, 28, 32, 37, 38, 41, 47, 54, 56, 61, 65, 67, 68, 69, 72, 79, 81, 89, 92, 95, 96, 105); HB Verlag (80); O. Heinze (U. l., 4, 12, 27, 30, 34, 44, 49, 55, 64, 76, 82, 86, 91, 98, 100); A. M. Mosler (7, 43, 53); T. Stankiewicz (9, 18, 20, 40);

3., aktualisierte Auflage 2003 © Mairs Geographischer Verlag, Ostfildern
Herausgeber: Ferdinand Ranft, Chefredakteurin: Marion Zorn
Redaktion: Nikolai Michaelis, Bildredakteurin: Gabriele Forst
Kartografie Reiseatlas: © Mairs Geographischer Verlag/Falk Verlag, Ostfildern
Gestaltung: red.sign, Stuttgart

Printed in Germany. Gedruckt auf 100% chlorfrei gebleichtem Papier

Bloß nicht!

Tipps, die der Natur helfen und Sie vor negativen Erfahrungen an der Küste bewahren

Dünenschutz missachten

Die Dünen auf den Ostfriesischen Inseln bilden eine Art natürlichen Deich gegen Erosion durch Wind und Wasser, solange ihre Pflanzendecke intakt ist. Es ist deswegen verboten, die Dünen abseits der ausgewiesenen Wege zu betreten und in den Dünen zu lagern oder zu rauchen.

Im Fischgeschäft bereits geschälten Granat kaufen

In Restaurants kommen Sie kaum umhin, gepulten Granat zu bestellen. Im Fischgeschäft aber sollten Sie ungeschälten Granat vorziehen. Nur dann können Sie sicher sein, dass er nicht schon eine lange Reise zum Schälen in Polen oder Nordafrika hinter sich hat. In jedem Fischgeschäft zeigt man Ihnen, wie die kleinen Krabben im Handumdrehen speisefertig werden.

Möwen füttern

Möwen machen vielen anderen Vögeln den Lebensraum streitig und gefährden ihre Brut. Sie sollten deshalb nicht noch durch Füttern zu ihrer Vermehrung beitragen.

Schutzzonen ignorieren

Im gesamten Nationalpark Niedersächsisches Wattenmeer gibt es drei Zonen von unterschiedlicher Schutzintensität. Die Ruhezone darf das ganze Jahr hindurch ausschließlich auf den ausgewiesenen Wegen betreten werden. Für die Zwischenzone gilt diese Vorschrift meist von April bis Juli; die örtlichen Behörden können weitere Verbote aussprechen. Hunde müssen in diesen beiden Zonen grundsätzlich an der Leine geführt werden. Pflanzen zu pflücken ist im gesamten Nationalpark verboten. Die Natur hat überall Vorrang vor dem Menschen; nur in der Erholungszone, die normalerweise die Orte und Badestrände umfasst, wird rein touristischen Interessen stärker Rechnung getragen. Genaue Karten mit den unterschiedlichen Zonen sind in allen Nationalparkhäusern und bei den Touristeninformationen kostenlos erhältlich.

Seehunden zu nahe kommen

Von Seehunden sollten Sie generell mindestens 500 m Abstand halten – außer auf der Düne von Helgoland, wo die Tiere die Nähe von Menschen gewohnt sind. Manchmal findet man einen scheinbar von den Eltern verlassenen oder kranken Heuler am Strand. Man sollte ihn auf keinen Fall berühren, sondern die Kurverwaltung oder einen Vertreter des Nationalparks informieren.